Schenken ist ein Brückenschlag

Vom Zauber und Sinn des Schenkens

Über die Autorin:
Die Autorin ist studierte Philologin und lebt mit ihrem Mann
in einer sympathischen kleinen Stadt in Westmünsterland. Die
drei gemeinsamen Kinder sind bereits aus dem Haus.

Inka Faltynowicz

Schenken ist ein Brückenschlag

Vom Zauber und Sinn des Schenkens

© Inka Faltynowicz 2017
2., überarbeitete Auflage
1. Auflage 2010
unter dem Titel: Hat das Schenken noch einen Sinn?
Umschlaggestaltung: Inka Faltynowicz
Umschlagfoto: Ismena Anna Fischer
Verlag: tredition GmbH, Hamburg
Paperback
ISBN 978-3-7439-2290-7
Hardcover
ISBN 978-3-7439-2291-4
Bibliografische Information der Deutschen Nationalbibliothek: Die
Deutsche Nationalbibliothek verzeichnet diese Publikation in der
Deutschen Nationalbibliografie; detaillierte bibliografische Daten
sind im Internet über http://dnb.d-nb.de abrufbar.

Für alle, die für mich ein
Geschenk des Lebens sind

Über den Titel:
Der Titel stammt aus einem bekannten Zitat von Antoine
de Saint-Exupéry aus seinem Buch „Die Stadt in der Wüste"
(de Saint-Exupéry 1951, S. 235).

Über das Buch:
Das Buch gebraucht die grammatisch maskulinen Substantive
geschlechtsneutral.

Inhalt

Einführung

In einer Gesellschaft, die eher zu viel als zu wenig hat, fangen immer mehr Menschen sich zu fragen, ob man mit dem Schenken nicht aufhören soll. Vor allem in der Vorweihnachtszeit lässt sich die Unmut deutlich spüren: Man habe doch keinen Platz mehr, um das Geschenkte zu verstauen, die ohnehin meist unnütze Sachen seien, die einem oft nicht mal gefallen. Ein Geschenk erfordere zudem ein Gegengeschenk, das ausgedacht, ausgesucht, gekauft und überreicht sein will. Und dafür fällt einfach die Zeit – und oft auch die Lust.

Das Buch versucht, den Sinn und den Zauber des Schenkens wieder zu entdecken – indem es sich auf die Suche nach der tieferen Bedeutung des Schenkens begibt. Es möchte zudem auf die Tücken des Schenkens aufmerksam machen, da sie das Schenken unerbittlich entzaubern.

Inka Faltynowicz

Das Schenken

*„Ein Duft bleibt immer an den Händen derer haften,
die Rosen schenken." (aus Asien)*

Was man unter Schenken versteht

Geben wir jemandem etwas freiwillig und unentgeltlich, wird diese Handlung Schenken genannt. Im engeren Sinne des Wortes versteht man darunter das Überreichen von materiellen Dingern wie Blumen, Büchern und Konfekt sowie von Juwelen, Autos und Immobilien. Im weiteren Sinne des Wortes werden als Geschenke auch ideelle Güter verstanden wie Liebe, Freundschaft und Herzlichkeit. Man kann den anderen auch Gehör, Rat, Trost und Vertrauen schenken. Alle Eltern dieser Welt schenken ihren Kindern das Leben und folglich die Liebe und Aufmerksamkeit, Zeit und Geduld. Aus dem sozialen Blickwinkel betrachtet, besteht das Schenken auch aus Almosen, Spenden, Stiftungen, Mäzenatentum und Sponsoring, im breiter verstandenen Sinne auch aus Erkenntnissen, Entdeckungen und Erfindungen.

Schenken ist eine Handlung, zu der genauso ein Geschenk wie die begleitenden Worte und Wünsche gehören. Ein Geschenk folgt stets einem Gefühl oder einem Gedanken. Wollen wir etwas schenken, so folgen wir entweder unserem Herzen, den sozialen Umgangsformen (der Konvention) oder einem Zweck.

Das, was wir schenken, hat neben einer emotionalen auch eine soziale Wirkung: Alle Geschenke schlagen eine Brücke zu anderen Menschen. In vielen Gesellschaften dienen Geschenke bis heute auch als eine Brücke zu der Welt der Götter.

Auf der Suche nach dem ursprünglichen Sinn des Schenkens

Schenken und seine Wurzeln

„Geschenke berücken Menschen und Götter." *(Ovid)*

Schenken ist ein Urphänomen, das Ethnologen sogar für ursprünglicher halten als das Tauschen (vgl. Kaltenbrunner 1984, S. 10). Viele Naturvölker kennen bis heute den zeremoniellen Geschenkeaustausch zwischen befreundeten Stämmen, der meist „unter festlichen Trommeln, Singen und Tanzen" (Hirschberg 1965, S. 167) erfolgt.

Lange Zeit beschenkte der Mensch aber vor allem seine Götter und Geister, von denen er sich umgeben wusste. Um sie zu ehren, sie günstig zu stimmen und um ihnen seine Dankbarkeit zu erweisen, brachte er ihnen Opfergaben dar.

Die Wurzel der Opfergaben liegen in dem archaisch-magischen* Weltverständnis der Naturreligionen, das alles als beseelt betrachtet: Tiere, Pflanzen, Berge, Flüsse, Wind und Regen, sogar die Erde selbst. Es ist eine Welt voller Götter und Geister, in der alles mitenander verbunden und voneinander abhängig ist. Auch der in Einheit mit der Natur lebende Mensch fühlte sich von den Naturgöttern, die sich um Feld und Wald zu kümmern hatten, abhängig.

---

* Der Begriff archaisch ist nicht wertend, sondern im Sinne von ursprünglich zu verstehen. Archaisch, grch. *archaios*, bedeutet – uranfänglich. Magisch wird hier im animistischen Sinne benutzt: In dem Sinne gehören zu dem magischen Weltbild nicht nur die beseelte Natur, sondern auch Träume, Märchen und Mythen.

Die meisten Opfergaben wurden immer schon vor und nach der Ernte dargebracht. Dem Menschen war bewusst, dass die Ernte von dem Wohlwollen vieler Naturphänomene abhängig ist. So wurden seine Opfergaben genauso der Mutter Erde gewidmet – von den Andenbewohnern bis heute liebevoll Pachamama genannt – wie den Getreidegöttinen in Europa (Holla, Morena, Demeter und Ceres*) und den vielen Reisgöttinen in Asien, sowie den Sonnen- und den über Wind und Wolken herrschenden Regengöttern. In gebirgigen Gegenden wurden auch die Berggeister bedacht. Ein Überbleibsel dieser alten Kulthandlungen ist das Erntedankfest, das in allen Kulturen weltweit bekannt ist.

Die Opfergaben wurden entweder an heilige Orte gebracht: heilige Haine, Bäume (in Europa oft eine Eiche), Quellen und Steine – oder direkt an Ort und Stelle errichtet, im Getreidefeld oder Zuhause. Hier legte man die kleinen Gaben meistens auf dem Hausalter nieder. Sie galten genauso den Göttern, Geistern und Ahnen wie den Hof- und Hausgeistern.

Gerade die Gaben an die Hausgeister blieben in Europa noch lange Zeit erhalten: Im alten Rom waren es die Laren und Penaten, bei Germanen die Heinzel-männchen, Wichtel und Kobolde; Engländer hatten ihre Pucks und Hobs, Skandinavier Nisse und Tomte. In den slawischen Ländern erzählt man den Kindern bis heute von Domowiki, Skrzaty und Kauks.

Die den Menschen gegenüber wohlgesinnten Wesen bekamen für ihre Hilfe im Haus und Hof das geschenkt,

---

* Neben der germanischen Holla, slawischen Morena, griechischen Demeter und der römischen Ceres sind in Europa noch viele andere bekannt u. a. die irische Gráinne, polnische Marzanna und litauische Gabjauja.

was sie am liebsten mochten: Milch, Honig, Butter, Sahne und Käse. (Manche sollten besonders Haferbrei und Nudeln gemocht haben.) Es ist noch nicht so lange her, dass man auch in Europa gewohnt war, dem Hausgeist etwas davon am Abend übrig zu lassen. In vielen Ländern der Welt ist dieser Glaube immer noch lebendig. So werden z. B. in Thailand eigens für die Hausgeister kleine Geisterhäuser errichtet und in der Nähe des Hauses aufgestellt.

Gaben zu opfern, ist bis heute in vielen Teilen der Welt weit verbreitet: Niedergelegt werden sie vor allem an den Altären und Opfertischen – als persönliche Opfergabe oder als Bestandteil einer Zeremonie –, aber auch direkt an Ort und Stelle. So pflegen Navajo-Indianer eine Opfergabe (meistens Tabak) vor einer Schwitzhütte hinzulegen, bevor sie sie betreten; die Quechua-Indianer begraben Kokablätter auf ihren hochgelegenen Kartoffelfeldern*, bei Expeditionen im Himalaja stecken Sherpas kleine Opfergaben einfach in die Schneelöcher.

Die Spannweite dessen, was als Opfergabe betrachtet und den Göttern gerne geschenkt wird, ist groß. Meistens sind es materielle Dinge, aber auch immaterielle Opfergaben wie Leistungen und Handlungen sind weit verbreitet. Zu den beliebten materiellen Opfergaben gehören genauso Blumen, Früchte, Wasser und Öl wie Silber, Gold (z. B. Blattgold für Buddhastatuen) und Juwelen. Neben dem Wein werden auch Reiswein (Japan) und sogar Schnaps (Thailand) geopfert. Unter den Speiseopfern befinden sich auch viele traditionelle Speisen wie Reisküchlein, Kekse und

---

* Die Indiovölker in den peruanischen Hochanden pflanzen heutzutage Kartoffeln sogar über 4000 Meter Höhe.

sogar Süßigkeiten und Getränke in Dosen. (In Japan oft den einheimischen Shinto-Gottheiten *kami* geopfert.)

Auch Getreide wird gerne als Opfer dargebracht, da das uralte Grundnahrungsmittel als eine Frucht der Mutter Erde betrachtet wird, welche voll von Leben spendender Energie und Heilkraft ist. Aus diesem Grund wird in Asien der Reis geradezu verehrt: Auf Bali verstecken die Erntehelferinnen ihr Messer in der Hand, um den Reis bei der Ernte nicht zu erschrecken. In Japan wird er zu einem *machi*-Teig gestampft und dann als *kagamimchi*-Fladen auf einem Altar dargebracht. Zum Reisopfer gehört auch das Spenden von gekochtem Reis an die buddhistischen Mönche, die jeden Morgen in aller Frühe mit ihren Bettelschalen unterwegs sind. Den Reis bekommen sie von Frauen geschenkt, die an dem Wegesrand auf sie warten. Das Reisopfer sorgt für den Lebensunterhalt vieler Mönche.

Geopfert wurde schon immer das, was dem Menschen selbst von einem besonderen Wert war. So spendeten im frühen Europa die alten Völker ihren Göttern Honig, der als besondere Köstlichkeit galt. Auch Wasser wurde geopfert. Bis heute werden viele Wasserquellen als heilig betrachtet. Ihr Wasser wird gebraucht, um den Göttern zu huldigen (z. B. in Japan) oder die Menschen zu heilen (z. B. in Lourdes).

Neben den Gaben, die niedergelegt werden, gibt es auch welche, die verbrannt werden wollen. Vor allem sind es die duftenden Kräuter, die als Opfergabe seit Urzeiten verbrannt werden. Damit kennen sich genauso gut die Indianer aus, die ihre *smudges** verbrennen, wie

---

* *Smudges* ist ein indianisches Räucherwerk. Ein Räucherbündel aus weißem Salbei (salvia apiana) wird zum Reinigen und Segnen benutzt – in der Schwitzhütte wie bei anderen Zeremonien.

viele andere Völker, die ihre Opfer „in Rauch aufgehen lassen" (Lev 1), um die himmlische Macht mit einem „süßen Duft" (Genesis 8,21) zu erfreuen.

Auch das Verbrennen von Weihrauch, dem Harz von Olibanum, der Weihrauchpflanze, ist sehr verbreitet. Als „Schweiß der Götter" und „Duft des Himmels" schon von den alten Ägyptern begehrt, wird er auch heute zu zeremoniellen Zwecken verwendet. Sein Duft durchzieht genauso die Räume der buddhistischen Tempel wie die der christlichen Kirchen. In letzteren werden auch Kerzen angezündet, welche dann stundenlang brennen und somit die Gebete dem Himmel entgegen steigen lassen. Für den Wohlgeruch in den Tempeln Asiens sorgen auch die vielen Räucherstäbchen, die demselben Muster folgen. Als Feueropfer sind zudem Getreide, Butter und Milch (verbreitet in Hinduismus), aber auch andere Gegenstände, wie symbolisches Geld (in China) gebräuchlich.

Eine für viele heute nicht nachvollziehbare Art der Opfer ist das Tieropfer, das früher in den meisten Kulturen und Religionen vollzogen wurde. Geopfert wurden Rinder (Stiere), Ziegen, Schafe und Tauben. In den Anden werden bis heute Lamas geopfert, in Afrika Hähne und in den Wüstenstädten Kamele, sonst sind es die Schafe, welche den rituellen Tod sterben. Dabei sollte man nicht vergessen, dass Tieropfer oft das in manchen alten Kulturen übliche Menschenopfer ersetzte (wie z. B. Azteken, Maya, Kelten, Phönizier und Karthager).

Zu den materiellen Opfergaben gehören auch Spenden und Stiftungen. Unter den Stiftungen befinden sich die vielen kleinen wie großen Votivgaben, welche die Dankbarkeit bezeugen sollen. Die kleinen Votivgaben: Votivtafeln und Votivkerzen sind besonders in den Wallfahrtskirchen vorzufinden. Zu den großen Votivgaben gehören genauso die Stiftung eines Kunstwerks wie die Errichtung eines Klosters, Tempels oder einer Kirche. Gespendet wird vor allem Geld: als Kollekte in Kirchen und als Geldopfer in Tempeln und Schreinen.

Unter den nicht materiellen Opfergaben werden vor allem die Pilgerfahrten und religiöse Feste verstanden, aber auch gute Taten gehören für viele dazu. Auf die Pilgerfahrten* gehen jedes Jahr Tausende von Menschen verschiedener Religionen. Viele von ihnen sind unterwegs zu den bekanntesten Pilgerstätten wie Benares, Bethlehem, Bodhgaya (Ort von Buddhas Erleuchtung), Mekka und Lourdes, viele pilgern zu den Wahlfahrtsorten in ihrer Nähe. Auch zu den verschiedenen religiösen Festen, die überall in der Welt stattfinden, kommen die Menschen oft von weit her. Zu vielen der Feste, die oft tagelang gefeiert werden, gehören traditionelle Prozessionen wie die Lichtprozession bei dem *Vesak-Fest* zu Ehren des Buddhas, die hinduistischen Prozessionen durch Reisfelder oder die Boot-Prozession mit hunderten von Booten bei dem *Virgen del Carmen* Fest in Spanien. Eine der prächtigsten Prozessionen findet in Bangkok statt während des *Ok Phansa* Festes. Zu vielen Festen gehören auch zeremonielle Tänze, laut, farbenprächtig und oft bis zur Entrückung getanzt. Solche Tänze begleiten genauso die *Odolan* Tempelfeste auf Bali, das *Yams* Fest (zur Ehrung der Schutzgeister) in Ghana wie das Fest der

---

* Zu den bekanntesten Pilgerwegen gehören der Jakobsweg nach Santiago de Compostela und der Shikoku Pilgerweg in Japan mit 88 Tempeln.

Jungfrau von Guadelupe in Mexico, wo die Tänze von Trommeln und Weihrauchduft begleitet werden.

Schenken und das Prinzip des Ausgleichs

Ausgleich in der Natur

„Klar ist der Dinge Ordnung, wunderbar." (Lü Bu-we)

Alles im Leben strebt nach Ausgleich. Dieser Grundsatz leitet sich aus der Beobachtung der Natur. Die Natur verändert sich ständig, ist „im ewigen Fließen begriffen"* (Natzmer 1979, S. 46f), und gleichzeitig strebt sie ständig nach Ausgleich.

Das Prinzip des Ausgleichs ist in der Natur allgegenwärtig: in der Osmose (Streben nach Gleichgewicht bei verschiedenen Konzentrationen von gelösten Stoffen bei Süß- und Salzwasser), Homöostase (Streben nach Gleichgewicht eines Organismus, wie bei Spannung und Entspannung) sowie in der Symbiose (einem engen Zusammeneben, dem ein gegenseitiges Geben und Nehmen zugrunde liegt). In jedem natürlichen System suchen all seine Elemente ständig nach Ausgleich und Harmonie. Es ist jedoch kein statisches, sondern ein dynamisches Gleichgewicht, denn das Eine gleicht ständig das Andere, ihm Entgegengesetzte, aus.

Ausgleich gehört zum Leben. Er ist ein Teil seiner natürlichen Ordnung und dient der Herstellung von Gleichgewicht. Die natürliche Ordnung unterscheidet

---

* Das wusste schon der altgriechische Philosoph Heraklit, was der berühmte Satz *panta rhei* („alles fließt") in Kurzform wieder gibt.

sich von der menschlichen Ordnung: Sie ist komplex, dynamisch und harmonisch, während die menschliche Ordnung Stabilität und Übersicht bevorzugt. Es ist eine statische Ordnung nach Regeln und einer ausgedachten Struktur wie Kategorien, Gruppen und Untergruppen.

Auch aus der geistig ausgerichteten Sicht des Fernen Osten strebt alles im Leben nach Harmonie und somit nach Ausgleich.

Das Prinzip des dynamischen Gleichgewichts

„Die Formen sind nicht dauerhaft." (Shunryu Suzuki)

Schon der altgriechische Philosoph Heraklit vertrat die Ansicht, das die Welt aus Gegensätzen besteht, deren Zusammenwirken erst das Werden entstehen lässt. (vgl. Natzmer 1979, S. 46f). Auch nach der Auffassung der altchinesischen Philosophie unterliegt die Welt zwei polaren Gegensätzen, die durch sein dynamisches Zusammenspiel den (zyklischen) Wandel der Welt erzeugen (vgl. Capra 1980, S. 110). Dass nur so die Veränderung möglich ist, und „alle Dinge vollendet werden" können, steht schon im I Ging* (vgl. I Ging, Schuo Gua, § 6). Die zwei gegensätzlichen Kräfte werden Yin und Yang benannt.

Yin ist alles, was „kontraktiv, empfangend und erhaltend" ist, Yang dagegen „expansiv, aggressiv und fordernd" (vgl. Capra 1985, S. 32 ff). Yin entspricht der Nacht, dem Mond und dem

---

* I Ging – Das Buch der Wandlungen, eins der ältesten (3000 Jahre) Bücher der Welt, in dem, nach den Worten des Sinologen und ersten Übersetzer in die deutsche Sprache Richard Wilhelms, „die reifste Weisheit von Jahrtausenden verarbeitet ist" (zit. nach Capra 1980, S. 113).

Winter sowie allem, was feucht und kühl ist. – Es ist die *fallende* Energie. Yang dagegen entspricht dem Tag, der Sonne und dem Sommer wie auch allem Trockenen und Warmen. – Es ist die *aufsteigende* Energie. Sie entspricht dem Tag, der Sonne und dem Sommer, wie auch allem Trockenen und Warmen. Man kann sie sich als „Erscheinung eines sich heftig bewegenden Tänzers" (Granet 1980, S. 88) vorstellen.

Die beiden polaren Kräfte befinden sich in einem dynamischen Gleichgewicht. Was bedeutet, dass die Harmonie nichts Statisches ist, was für immer und ewig erreicht werden kann, sondern sich in einem ständigen Prozess des Ausgleichs befindet: Steigt das Yin, sinkt zwangsläufig das Yang, steig das Yang, sinkt unverzüglich das Yin.

Das duale Prinzip Yin und Yang erscheint uns zuerst fremd und andersartig, die Sicht der Dinge ungewohnt; da unsere Vorstellung von der Wirklichkeit linear und nicht zyklisch* ist. Dabei ist die Einteilung in Gegensatzpaare jedem von uns geläufig und zwar in allen Daseinsbereichen: in der Natur als Himmel und Erde, Tag und Nacht, hell und dunkel, kalt und heiß; im Alltag als Stress und Muße, Lärm und Stille, Freude und Trauer, Liebe und Hass, Geben und Nehmen; unser Bewusstsein wertet alles als positiv oder negativ, richtig oder falsch, gut oder böse, klug oder dumm, angenehm und erfreulich oder abscheulich und hässlich. Wir bejahen das „Positive" und bemühen uns, das „Negative" zu bekämpfen, da wir uns eine Welt ohne Leiden, Armut und Gewalt erhoffen.

---

* linear – linienförmig,
zyklisch – regelmäßig wiederkehrend

Nach der Weltsicht der alten Meister kann man aber nicht „die schattige Seite des Hügels" verschwinden lassen, ohne dass seine „sonnige Seite"* nicht mitverschwindet. Die entgegengesetzten Eigenschaften sind nichts anders als zwei Seiten desselben Phänomens, „verschiedene Seiten einer Wirklichkeit" (Bachmann 1997, S.165), die „sich gegenseitig bedingen" (Watts 1983, S. 51). Das Eine kann ohne das Andere nicht existieren, so wie die *Innenseite* ohne *Außenseite* es nicht kann (z. B. bei einer Medaille oder einer Wand). Denn verschwindet das Eine, verschwindet das ganze System. Man kann nicht das Eine behalten und das Andere ausgrenzen und auslöschen. Das Einzige, was man kann, ist den Ausgleich zu suchen, um die Gegensatzpaare ins Gleichgewicht zu bringen.

Der Ausgleich wird intuitiv als ein Teil der natürlichen Ordnung wahrgenommen. Tief im innersten Herzen jedes Menschen liegt ein archetypisches** Bedürfnis nach Harmonie, Gerechtigkeit, Fairness und Frieden. Auch das gegenseitige Geben und Nehmen unterliegt der natürlichen Ordnung und somit dem Ausgleich. Folglich macht sich das Bedürfnis nach ihm auch beim Schenken bemerkbar. Ist man mit dem Herzen dabei, wird sie nicht als Pflicht, Zwang oder Schuld wahrgenommen, die es zu begleichen gilt, weil wir von jemanden beschenkt worden sind, sondern als ein Bedürfnis dem anderen dieselbe Freude zu bereiten.

---

* „Die ursprüngliche Bedeutung der Worte Yin und Yang war die der schattigen und der sonnigen Seite eines Berges" (Capra 1980, S. 110).
** Archetyp ist nach Carl G. Jung „eine unbewusste Vorform (…) wie bei Bildung eines Kristalls", die vererbt wird. „Der Begriff des Archetypus (…) wird aus der Beobachtung, dass Mythen und Märchen immer und überall behandelte Motive enthalten, abgeleitet. Diesen selben Motiven begegnen wir in Fantasien, Träumen, (…) heutigen Individuen." (Jung zit. nach Jaffé 1983, S. 232)

Der Ausgleich und die systemische Sicht

„Ein beständiger Ausgleich ist kennzeichnend für lebendige Systeme." (Jörg Eickhoff)

Auch aus systemischer Sicht gehört der Ausgleich zu der natürlichen Ordnung. In Systemen zu denken, ist eine andere Sicht der Dinge als die uns gewohnte analytische Denkweise.* Denn im Unterschied zu deren mechanistischem Weltbild** geht die Systemtheorie nicht von Einzelelementen, sondern von Systemen aus. Aus diesem Blickwinkel ist auch jeder von uns ein Teil eines Systems, das wiederum ein Teil eines anderes Systems ist. Denn alle Systemelemente sind selbst autonome Systeme, die wiederum andere Systeme beherbergen. So wie z. B. das System Ameisenhügel sich im System Wald wieder findet und der Wald wiederum in dem Ökosystem.

Jedes System ist eine Ganzheit, deren Elemente untereinander in Beziehung stehen und sich ständig gegenseitig beeinflussen. Dabei ist ein System – das Ganze – mehr als die Summe seiner Teile***, was bedeutet, dass „das Ganze Eigenschaften hat, die man nicht aus den Eigenschaften der Teile zusammensetzen kann" (Audretsch S. 27).

---

* Der uns vertraute analytische Denkprozess ist linear, seine Methode ist die Analyse: Ein Phänomen, ein Ganzes wird zerlegt und auf seine Bestandteile reduziert (vgl. Capra 1985, S. 39-46, 56-59). Die Phänomene werden isoliert betrachtet, obwohl sie in der Realität nicht isoliert vorkommen.

** Das mechanistische Weltbild ist ein Erklärungsmodell der Aufklärung: Seit dem 17. Jh. wird das Universum als eine Art Maschine gesehen, die nach mechanischen Gesetzen funktioniert.

*** Der Gedanke ist sehr alt. Schon der chinesische Philosoph Laotse hat um 400 v. Chr. behauptet: „Die Summe der Teile ist nicht das Ganze." Was meistens zitiert wird, ist jedoch der Ausspruch von Aristoteles: „Das Ganze ist mehr als die Summe seiner Teile."

Zu den bekanntesten Systemen gehören neben dem Weltall und dem Sonnensystem das Ökosystem mit all seinen autonomen Systemen wie Ozean, Wüste, Urwald, Moor und Wiese. Auch jeder Organismus ist ein lebendiges* System, das weitere Systeme beherbergt, nämlich ein Kreislauf-, Nerven-, Knochen- und Muskelsystem. Gleichzeitig sind auch alle Körperzellen, welche die Systeme bilden und selbst jedes Atom, aus denen sie bestehen, autonome Systeme.

Darüber hinaus gibt es auch soziale Systeme wie Bienenstock, Fischschwarm, Wolfsrudel oder eine Elefantenherde, auch die menschliche Familie gehört dazu. Zu einem Familiesystem gehört neben der Bindung und Ursprungsordnung (Rangfolge) der Ausgleich von Geben und Nehmen.

Mit dem Ausgleich beim Geben und Nehmen in den menschlichen Beziehungen beschäftigt sich die systemische Familientherapie. Zu den bekanntesten Denkern und Therapeuten der systemischen Therapie gehört – neben Virginia Satir, Milton H. Erickson und Paul Watzlawick – auch Bert Hellinger mit seinen „Ordnungen der Liebe". Aus seiner Sicht ist ein ausgeglichenes Geben und Nehmen die Grundlage jeder Beziehung (vgl. Hellinger 1998, S. 50). Bleibt das Geben und Nehmen im Gleichgewicht, bleiben die Partner ebenbürtig. Wer nicht so viel geben will wie der andere, gefährdet die Beziehung. Aber auch der, der nur geben und nichts annehmen will, gefährdet sie. Denn er bleibt dadurch dem anderen überlegen, will die Kontrolle behalten und nicht abhängig werden (vgl. Hellinger 1998, S. 52).

---

* Man unterscheidet lebendige und unbelebte sowie natürliche und von Menschen geschaffene Systeme. Zu den lebendigen, natürlichen Systemen gehört u. a. ein Wald; zu den von Menschen geschaffenen Systemen gehören: zu den lebendigen – u. a. eine Firma, zu den unbelebten – z. B. eine Maschine.

Weil der Ausgleich bei Geben und Nehmen von solcher Tragweite ist, sollte man auch beim Schenken das Gleichgewicht im Auge behalten und angemessen schenken – nicht zu viel, aber auch nicht zu wenig – um den Ausgleich nicht zu stören. Wird nämlich etwas Kostspieliges verschenkt, gerät der Beschenkte* unter Druck, etwas Vergleichbares zurückschenken zu müssen. Ist er dazu nicht in der Lage, fühlt er sich unterlegen und beschämt. Genauso unwohl kann er sich fühlen, wenn man zu wenig schenkt, nämlich unbedeutend und unwichtig.

Der Ausgleich wird auch dann gestört, wenn man sich gegenüber dem Schenkenden undankbar, enttäuscht oder unzufrieden zeigt, der Dank gehört nach Hellinger zu dem angemessenen Ausgleich: Der Ausgleich kommt nicht nur dann zustande, wenn auf eine Gabe eine Gegengabe folgt, sondern auch dann, wenn wir uns bei anderen bedanken, denn der Dank ist „eine hohe Würdigung des Anderen" (vgl. Weber 2007, S. 20).

Der Ausgleich und das soziale Verhalten

„Die Finger reichen dar, aber das Herz schenkt." (aus Afrika)

Das Prinzip des Ausgleichs wird weltweit als soziale Umgangsform festgelegt: Der Knigge jedes Landes informiert ausführlich über die Regeln, nach denen die Geschenke überreicht werden sollen. Das Bewusstsein, dass jede Gabe eine Gegengabe und jede Leistung eine

---

* Die einzige Ausnahme ist, wenn Eltern (Großeltern, Verwandten oder Paten) die Kinder beschenken. Die Kinder nehmen und bedanken sich. Sie müssen nichts Gleichwertiges schenken.

Gegenleistung erfordert, nennen die Soziologen das Prinzip der Gegenseitigkeit (Reziprozität). Die gesellschaftliche Grundregel ist in allen Kulturen zu finden, bei den indigenen Völkern wie in den Industriegesellschaften.

Wie die Gegenseitigkeit bei den Naturvölkern funktioniert, beobachtete am Anfang des 20. Jahrhunderts der Anthropologe Bronisław Malinowski. In jahrelanger Feldforschung auf den Südseeinseln (Trobiand-Inseln) untersuchte er das Phänomen des Gabentauschs „Kula". Dabei entdeckte er, welch wichtige Rolle in dem Leben der Naturvölker die Gegenseitigkeit spielt: Sie hilft nämlich, die sozialen Beziehungen herzustellen und zu pflegen, und sorgt auf diese Weise für den Zusammenhalt.*

Der Austausch von Geschenken ist ein wichtiger Teil jeder Kultur und dient auch in den Industriegesellschaften der Pflege zwischenmenschlichen Beziehungen. In Japan z. B. wird er von *giri* bestimmt, einem traditionellen Regelsystem, das bis in die Feudalzeit zurückgeht. Verschenkt werden in erster Linie kleine, edel verpackte Aufmerksamkeiten – bei allen möglichen Anlässen und für jeden, dem man sich verpflichtet fühlt: Arbeitgebern, Lehrern, Ärzten usw. Obwohl die Verhaltensregeln typisch für Japan sind, das Prinzip ist dasselbe wie in anderen Kulturen: Die einen bringen die Geschenke, die anderen bedanken sich und vergessen es nicht, sich später in angebrachter Weise mit einem

---

* Mit der Bedeutung der Reziprozität bei allen archaischen Kulturen hat sich auch der bekannte Ethnologe Marcel Mauss beschäftigt. In seinem Buch „Die Gabe" (1923) hatte er sich auch auf die Feldforschung von Bronisław Malinowski bezogen. Malinowski hatte seine Forschung in den Südseeinseln in dem Buch: „Die Argonauten des westlichen Pazifik" (1922) beschrieben.

Gegengeschenk zu revanchieren. Nimmt man das Gebot des Ausgleichs ausschließlich als gesellschaftliche Norm wahr, fühlt man sich zu einer Gegenleistung verpflichtet und handelt demgemäß aus Pflichtgefühl, um die sogenannte „Dankesschuld" zu tilgen. Folgt man jedoch in erster Linie der intuitiven Empfindung, so folgt man nicht den sozialen Regeln, sondern dem Herzen. Das Gebot des Ausgleichs wird dabei nicht als Pflicht wahrgenommen, sondern als ein Bedürfnis den anderen auch mit einem Geschenk zu erfreuen. Im alltäglichen Leben ist die Grenze jedoch oft fließend.

Die verschiedenen Gesichter des Schenkens

„Güte beim Schenken erzeugt Liebe." (Laotse)

Nicht jedes Schenken gleicht dem anderen. Denn die Menschen schenken gleichermaßen aus einem inneren Bedürfnis heraus – freimütig und herzlich – wie bezweckt. Obwohl viele auch das Pflichtgefühl wohlwollend als ein Bedürfnis bezeichnen. So folgen die Geschenke entweder unserem Herzen, den Konventionen oder einem Zweck.

Die Bibel preist den „fröhlichen", den wahrhaftigen Geber, der aus dem Herzen heraus, leicht und gerne gibt – „nicht verdrossen und nicht unter Zwang" (2 Kor 9,7). Die Habsucht dagegen hält sie für „die Wurzel aller Übel" (1 Tim 6,10). Der „fröhliche Geber" (2 Kor 9,7) hat ein offenes wohlwollendes Herz und teilt gerne mit anderen, denn das Geben ist für ihn „seliger als Nehmen" (Apg 20,35). Der Geizige dagegen hält an seiner Habe fest. Sein verschlossenes unzugängliches

Herz teilt ungerne. Wenn er etwas gibt, dann wenig und „verdrossen". Auch der Volksmund warnt vor dem freudlosen Schenken: „Denn Gott sieht dessen Gabe auch nicht an, der nicht mit Freuden schenken kann."

Die Buddhisten unterscheiden sogar drei Arten des Gebens (Dāna): zögerndes, geschwisterliches und königliches. Zögernd und somit armselig gibt der, der nicht gerne und wenig gibt und sich dabei noch fragt, ob es überhaupt notwendig war, es zu schenken. Genauso armselig ist es, wenn jemand „in Erwartung einer Belohnung" (Mannschatz 2007, S. 114) schenkt oder für sein Geschenk die Zuneigung des anderen gewinnen will. So ein Geschenk entspringt aus buddhistischer Sicht einer berechnenden Geisteshaltung und zeugt von unreifen, selbstsüchtigen Bewusstsein (vgl. Yeshe 2000, S. 16). Der wohlwollende Geber dagegen teilt brüderlich mit anderen. Er gibt aus innerer Güte heraus, ist offen, freimütig und herzlich. Von seiner Habe gibt er das weiter, was auch für ihn wertvoll und von Bedeutung ist. Ein königliches Geben bedeutet seine Weisheit* wie sich selbst zur Verfügung zu stellen. Das tun viele Heiler, die wie die tibetischen Medizinlamas, nicht nur ihr Wissen (*Reiki***) weitergeben, sondern (bei einer Behandlung) auch die heilende Lebensenergie durch sich hindurchfließen lassen, um sie den Bedürftigen zugutezukommen.

---

* Dabei ist kein Missionieren gemeint, sondern das Stellen der eigenen Weisheit deren zur Verfügung, die auf dem Weg der Erkenntnis sind.

** Die buddhistischen Mönche haben von einigen Jahrhunderten eine Methode zur Selbstheilung entwickelt. – *Reiki* sollte Menschen helfen, die in den abgelegenen Dörfern des Tibets wohnten, weitab von den Klöstern und den Medizinlamas.

Freies Schenken

„Schenke herzlich und frei." (Joachim Ringelnatz)

Das freie, aus dem Herzen kommende Schenken gehört zu dem wohlwollenden, wahrhaftigen Geben. Es ist ein Schenken mit reiner Absicht, wie der Buddhismus es nennt. Der frei Schenkende denkt in erster Linie an den Beschenkten, an dessen Interesse, Bedürfnisse, Wünsche, Sehnsüchte und Träume. Mit seinem Geschenk möchte er ihm eine Freude bereiten, ihn glücklich machen.

Das freie Schenken macht das Beschenken zu einem freudigen Ereignis: Es schenkt sich leicht und gerne – frei von jeder Erwartung und jedem Anspruch. Die Geschenke werden dann individuell und nicht selten selbst gemacht, was auf einen besonders freundschaftlichen Umgang mit dem Beschenkten deutet.

Die Freude, mit der der „fröhliche Geber" alles mit anderen teilt: die Gaben wie seine Zeit, wird als Hingabe bezeichnet. Die Hingabe an sich ist offen, vertrauensvoll, selbstlos und voll Liebe und Begeisterung. Sie wird leider oft mit Aufopferung und mit Selbstaufgabe verwechselt, was zur Folge hat, dass von hingebungsvollen Menschen oft mehr erwartet wird, als sie imstande sind zu geben, ohne sich selbst aus den Augen zu verlieren. Hingabe bedeutet jedoch nicht, dass man sich von anderen gänzlich beanspruchen lassen und sich selbst vergessen, seine Identität aufgeben soll. Denn dann wird der hingebungsvolle Mensch in seinem Tun und Denken nicht mehr souverän und somit *nicht frei.*

Der Bach-Blüten-Experte Dr. Götz Blume behauptet, dass hinter jedem Menschen, der voller Begeisterung und Hingabe ist, ein anderer steckt, der ihn für seine eigenen Zwecke ausnützt und seine Arbeit als eine Selbstverständlichkeit ansieht und „ kaum auf die Idee, ihm auch eigene Ansprüche und Bedürfnisse zuzugestehen" kommt (Blume 1997, S. 43).

Von der Hingabe und ihrer Begeisterung profitieren genauso die Familien wie die Gesellschaft. Besonders die Hingabe der Eltern ist ein großer Gewinn für die Kinder, vor allem dann, wenn die Eltern souverän und selbstbewusst bleiben.

Der weltbekannte Psychoanalytiker Erich Fromm befand die Liebe dem Kind gegenüber – das „nichts zu wollen als das Glück des geliebten Kindes" (Fromm 1995, S. 86) – als „die höchste Art der Liebe" (ebd. S. 84). Sie bedeutet jedoch nicht nur Fürsorge, sondern auch eine Vorbildfunktion. Denn Kinder brauchen starke Eltern, die in ihrer „eigenen Existenz fest verwurzelt", glücklich und zufrieden sind. Denn so schaffen sie es mühelos, den Kindern den „Honig" – die Liebe und das Vertrauen zum Leben zu vermitteln (vgl. ebd. S. 84).

Kinder, die von den Eltern den „Honig" – die Liebe und das Vertrauen zum Leben vermittelt bekommen, wachsen zu selbstbewussten und emotional gefestigten Persönlichkeiten heran. Und gerade die selbstbewussten und zufriedenen Kinder entwickeln sich zu wohlwollenden, fröhlichen Gebern, die frei und gerne geben und schenken. Denn das freie, aus dem Herzen kommende Schenken kann nur von einem zufriedenen, in sich ruhenden und selbstbewussten Herzen kommen.

Schenken zu den Anlässen

„Das Schenken macht das Geschenk." (Manfred Hinrich)

Die meisten Geschenke folgen den gesellschaftlichen Regeln und Bräuchen und werden zu den üblichen Anlässen verschenkt, die traditionell mit Geschenken begleitet werden. Das bedeutet jedoch nicht, dass der Schenkende, der zu einem Anlass schenkt, nicht mit dem Herzen dabei ist. Denn die meisten machen es mit Freude und wollen mit ihrem Geschenk dem anderen Freude bereiten. Es liegt an dem Schenkenden, ob es ein konventionelles oder ein individuelles Geschenk wird, je nachdem, ob der Schenkende dem Herzen folgt oder nur den Konventionen genügen will.

Bezwecktes Schenken

„Menschen gibt's, die von dem Vielen, das sie haben, wenig geben – und es nur um der Anerkennung willen tun -, und ihr geheimer Wunsch macht ihre Gabe unbekömmlich." (Khalil Gibran)

Im Gegensatz zu freiem Schenken hat das Geschenk bei dem bezweckten Schenken eine Absicht im Rücken. Der Schenkende denkt nicht in erster Linie an den Beschenkten und seine Wünsche, sondern an sich. Das Geschenk dient ihm als Mittel der Beeinflussung: gleichgültig, ob es dabei um die Liebe einer Frau, eines Mannes oder eines Kindes geht; der Lenkung* von Personen, deren Einfluss wir eventuell gebrauchen können oder schlicht und einfach um Zuneigung und Zuspruch. Der Hintergedanke bei bezwecktem

---

* So betrachtet man z. B. Geschenke für die Kinder oft als Hilfe bei der Erziehung – sie gibt's erst dann, „wenn die Kinder artig sind".

Schenken ist der Gewinn, den der Schenkende daraus ziehen kann. Das Geschenk dient einem Zweck – es sollte etwas bewirken: Aufsehen erregen, Achtung erringen oder wenigstens einen Dank erheischen.

Besonders fragwürdig ist die Praxis, durch Geschenke die Liebe ersetzen zu wollen. Denn der Zweck kann im Grunde genommen nie erreicht werden. Man kann mit materiellen Dingen, wie kostbar sie auch sein mögen, die Bedürfnisse des Herzens nicht stillen. Früher oder später fühlt sich jeder um die Liebe betrogen. Besonders bitter trifft es die Kinder, für die die elterliche Liebe lebensnotwendig ist.

Nicht alle jedoch, die bezweckt schenken, handeln dabei eigennützig. Viele verfolgen einen sinnvollen, lobenswerten, gar edlen Zweck und schenken zum Wohle der anderen. Die Abgrenzung zwischen dem freien und dem bezweckten Schenken ist nicht immer einfach. Während sich das kalkulierte, auf Eigennutz bedachte Schenken noch leicht von dem freien, offenherzigen Schenken abgrenzen lässt, sind die Grenzen zwischen dem zwar zweckorientierten, aber auch auf andere bedachten Schenken und dem freien Schenken fließend, da sie ineinandergreifen und sich deswegen oft schlecht voneinander trennen lassen. Wenn jemand mit dem Zweck schenkt, jemandem Trost zu spenden, ihm Ehre zu erweisen, eine Beziehung zu knüpfen, Unstimmigkeiten aus dem Weg zu räumen, eine Freundschaft zu erhalten oder gar ein Herz zu erobern, handelt er zwar mit Absicht, aber meistens aus tiefstem Herzen. Auch wenn jemand aus Pflichtgefühl schenkt, bedeutet das nicht, dass er nicht mit dem Herzen dabei sein kann.

Bezwecktes Schenken wird nicht in allen Kulturen negativ angesehen. So ist es z. B., wie oben schon besprochen, in Asien üblich, den Menschen Geschenke zu machen, die einem nützlich werden können, um sie dabei vorsätzlich in eine Abhängigkeit, in Japan eine *giri*-Verpflichtung, zu bringen. Im beruflichen Leben wird bezwecktes Schenken als eine Werbestrategie angesehen (Werbegeschenke) und überall in der Welt praktiziert.

Das Schenken und die Liebe

„Die wirkliche Liebe beginnt, wo keine Gegengabe mehr erwartet wird." (Antoine de Saint-Exupéry)
„Es ist die Liebe, die die Welt im Inneren zusammenhält." (Johann Wolfgang von Goethe)

Das wohlwollende, herzliche Schenken kommt aus dem Innersten des Herzens. Es entspringt der Liebe, und ist genauso wie sie bedingungslos. So schenken es die Kinder – ohne jedwede Erwartung und aus der Freude am Leben heraus.

Der wahrhaftig aus dem Herzen heraus schenkende Mensch erwartet keine Gegengabe. Sein Geschenk folgt dem Bedürfnis, dem anderen Freude zu bereiten und ist ein Ausdruck seiner Liebe. Die Freude des Beschenkten zu erleben, ist für ihn ein beglückendes Gefühl. Das macht ihn froh und mit sich und der Welt zufrieden. Sehr anschaulich formuliert das eine buddhistische Weisheit: „Wir fühlen uns durch ein liebendes Gefühl dazu inspiriert zu geben, und im Akt des Gebens verspüren wir noch mehr Liebe."*

---

* eine buddhistische Weisheit, von Joseph Goldstein

Liebe ist eine große Kraft und aus der Sicht aller großen spirituellen Traditionen „die Essenz alles Seins". Sie ist allumfassend und steht über der natürlichen Ordnung. In Buddhismus heißt es: „In der Liebe heben sich alle Gegensätzlichkeiten des Lebens auf und verlieren sich."*

Das Annehmen von Geschenken

„Es ist nicht Erleuchtetes daran, sich kleiner zu machen."
(Dalai Lama)

Neben dem Geben gehört zum Schenken auch das Annehmen. Und wie das Geben, so verlangt auch das Annehmen eines Geschenks ein offenes, wohlwollendes Herz, das nicht nur das Geschenk und den Schenkenden, sondern auch *sich selbst* zu schätzen weiß – und sich der Fülle des Lebens nicht verschließt. Denn besonders bei erlesenen, ausgesuchten Geschenken (die nicht mal kostspielig sein müssen) haben manche Menschen das Gefühl, es nicht verdient zu haben. Sie haben Schwierigkeiten, das Geschenk anzunehmen und sich an ihm zu erfreuen, geben es deswegen oft weiter.

Die meisten von ihnen sind liebenswürdige Menschen, die den anderen wertschätzend und zuvorkommend gegenüber stehen, ihren Eigenwert jedoch nicht erkennen vermögen, denn ihnen fehlt die Selbstliebe und somit auch das Selbstbewusstsein und das Selbstwertgefühl.

---

* Auch in der Bibel befinden sich eindrucksvolle Worte über die Liebe, allen voran in dem „Hohen Lied" und dem „Korinthen Brief": „Nur aber bleiben Glaube, Hoffnung und Liebe, diese drei; aber die Liebe ist die größte unter ihnen" (1. Kor 13,13).

Schenken und der Dank

Der Dank und die Dankbarkeit

„Dankbarkeit ist ein Zeichen edler Seele." (Aesop)

„Höchst anmutig sei das Danken." (Johann Wolfgang Goethe)

Die Dankbarkeit ist ein Zeichen der Anerkennung und Wertschätzung. Sie hält das, was wir von anderen bekommen, nicht für eine Selbstverständlichkeit – etwas, was uns zusteht, weil wir die Eltern, der Lebenspartner oder der Freund des Schenkenden sind, sondern schätzt und würdigt den Schenkenden, der Zeit und Mühe nicht gescheut hat, um uns eine Freude zu machen. Im Buddhismus heißt es, dass Dankbarkeit jede Gabe „als eine Art Gnade" betrachtet.

Die Dankbarkeit kommt aus der Tiefe des Herzens und richtet sich nicht nach irgendwelchen Konventionen und Gepflogenheiten. Es ist ein wärmendes und unbeschwertes Gefühl der Wertschätzung, das voller Liebe und Achtung ist.

Nach dem Familientherapeuten Bert Hellinger gehört der Dank zu dem angemessenen Ausgleich und ist: „eine hohe Würdigung des Anderen" (vgl. Weber, 2007, S. 20). Der Dank bleibt manchmal sogar als „die einzige Möglichkeit des Ausgleichs" (Schäfer 2005, S. 56). Seine Wirkkraft ist jedoch groß: „Wenn es mit Achtung und Liebe geschieht, fühlt sich auch der Geber reich beschenkt" (ebd.).

Sich bedanken

„Jeder Dank reicht über den Beschenkten, den Schenkenden und die Gabe hinaus." *(Max Piccard)*

Bekommt man ein Geschenk, bedankt man sich umgehend. Auch, wenn man es auf anderen Wegen erhält – verschickt oder von anderen übereicht. Ist es höflich, sich möglichst schnell zu bedanken.

Heutzutage bedankt man sich gerne telefonisch, schickt eine E-Mail, SMS oder WhatsApp-Nachricht. Aber auch eine schöne Karte oder gar ein Brief tun es immer noch – und werden sogar von vielen als sehr sympathisch empfunden. Dabei muss man nicht mal überschwänglich danken. Ein paar nette Worte tun auch ihr Werk. Das Wichtigste ist – *es zu tun.*

Was passiert aber, wenn wir ein Geschenk bekommen, das uns überhaupt nicht behagt? – Dann stehen sich Ehrlichkeit und gutes Benehmen gegenüber. Und obwohl es heißt, Liebe verstehe alles und trage nichts nach – würden viele doch peinlich berührt, manche sich sogar verletzt fühlen, wenn man bei der Ehrlichkeit bliebe. Doch obwohl das gute Benehmen rät, zuerst an den Schenkenden zu denken und sich nett zu bedanken, kann man es manchmal riskieren, seine Meinung zu sagen, zum Beispiel bei verständnisvollen Eltern oder wenn an das missglückte Geschenk eine Erwartung gekoppelt ist, der wir nicht nachgehen können oder wollen. Sonst geraten wir in eine Abhängigkeit, die wir uns womöglich nicht wünschen. Also es bleibt: gut abwägen und sehr taktvoll vorgehen.

Wie bei allem, so kann man auch das Danken übertreiben. Ein Übermaß an Dank wirkt jedoch meistens beklemmend. Nicht umsonst behauptet der Volksmund: „Zu viel Ehr′ ist eine halbe Schand.“

Den Dank erwarten

„Schwer zufriedenzustellen sind die Kinder der Welt.“ (Shantideva)

Nicht gerade wenige erwarten beim Schenken, dass es ihnen gebührend gedankt wird. Bedenklich wird es, wenn es nicht bei den Erwartungen bleibt, sondern der Dank verlangt wird, indem der Beschenkte ständig daran erinnert wird, welche Mühen und Opfer der Schenkende nicht gescheut hatte, um das kostbare Geschenk zu erstehen. Dadurch wird ganz bewusst ein schlechtes Gewissen und Schuldgefühl erzeugt. Völlig dessen ungeachtet, dass Liebe – die Aufmerksamkeit, Zuspruch und *Dankbarkeit* in sich trägt – den freien Willen voraussetzt, da sie „l′enfant de la liberté“, ein Kind der Freiheit ist (Fromm 1995, S. 51).

Den Dank vergessen

„Undank ist ein arger Gast.“ (Emanuel von Geibel)

So alt wie der Dank, ist auch der Undank. Im Talmud heißt es, die Undankbarkeit sei schlimmer als ein Diebstahl. Die Bibel erzählt von zehn Geheilten, von denen nur einer „zu Jesu Füßen niederfiel“ (Lk 17, 11-19), um ihm zu danken. In etlichen Sprichwörtern spiegelt der Volksmund die Enttäuschung vieler Menschen, deren Bemühungen nicht gewürdigt wurden: „Undank ist der Väter Lohn“ kling eher resigniert,

„Lieber ein dankbarer Hund, als ein undankbarer Mensch" ist dagegen voll Bitterkeit, Wut und Zorn.

Viele Menschen nehmen oft und gerne, vergessen aber geflissentlich, sich zu bedanken. Die Undankbarkeit jedoch verstimmt den Geber und beeinträchtigt stark eine Beziehung. Die Ursachen für diese Untugend ist vor allem das fehlende Einfühlungsvermögen: Viele Menschen glauben Ansprüche zu haben und pochen auf deren Erfüllung. Wird ihren Forderungen nachgegangen, nehmen sie es keineswegs als Grund für Dankbarkeit wahr, sondern lediglich als Erfüllung dessen, was ihnen gebührt.

Besonders beim Übergeben von großen Teilen seiner Habe – dem sogenanntem „Geben mit warmer Hand" – kann die Enttäuschung für den Geber niederschmetternd sein, wenn der Beschenkte die Schenkung als sein Erbe betrachtet, das ihm der Schenkende sowieso schuldig sei. Schon bei Adolf von Knigge steht: „Aber was für Verbindlichkeit bin ich dem schuldig, der etwas hergibt, das ihm ohnehin nicht gehört, das er, dem strengen Gesetze nach, unbedingt Andern schuldig ist?" (Knigge 1796, S. 187).

Wie wichtig der Dank für das Miteinanderleben ist, zeigt sich auch in den Gesetzen: Bei „groben Undank" des Beschenkten „kann eine Schenkung widerrufen werden" (BGB § 530 Abs. 1 BGB).

Man sollte jedoch nicht immer die fehlende Dankbarkeit sofort als Undank bewerten. Manchmal sind es einfach die Umstände, die das Aussprechen des Danks verhindern. Auch offenherzige Menschen, die immer zu schätzen wissen, was sie von anderen bekommen, können gerade im Leben so überfordert sein, dass sie den Dank, obwohl er angebracht wäre, vergessen.

Der zeitlose Sinn des Schenkens

Schenken als eine Brücke zu anderen Menschen

„Schenken ist ein Brückenschlag über den Abgrund der Einsamkeit." *(Antoine de Saint-Exupéry)*

Schenken fördert das Miteinander. Es baut zwischenmenschliche Brücken und sorgt somit für den Zusammenhalt einer Gesellschaft. Es wird deswegen von Soziologen oft als „soziales Bindemittel" oder „sozialer Kitt" bezeichnet.

Schenken öffnet die Herzen, teilt dem anderen die Zuneigung, Freundschaft und Liebe mit und bindet somit den Schenkenden und den Empfänger. Es hilft neue Bindungen und Beziehungen zu knüpfen und die bestehenden zu erhalten und zu festigen. Auch bei Unstimmigkeiten hilft das Schenken, die Wogen zu glätten und wieder zueinander zu finden.

Öffnen wir unser Herz weit genug, werden wir auch den Zauber des Schenkens spüren können. Gleich wie die Kinder und die, die das Kindliche*, das Unbefangene in sich bewahrt haben. Denn sie spüren noch den Zauber des Schenkens und strahlen jedes Mal vor Glück und Freude, wenn sie beschenkt werden, schenken auch von Herzen gern selbst.

---

* „Es gibt nichts Wunderbareres und Unbegreiflicheres und nichts, was uns fremder wird und gründlicher verloren geht als die Seele des spielendes Kindes" (Hesse 1975, S. 224).

Die Geschenke

„Ein Geschenk ist genauso viel wert, wie die Liebe,
mit der es ausgesucht worden ist." (Thyde Monnier)

Den Zauber beschwören, die Tücken vermeiden

Geschenke und ihre Wirkungen

„Ein freundliches Lächeln kann drei Wintermonate erwärmen."
(aus Japan)

Hinter jedem sichtbaren Ding verbirgt sich das Unsichtbare. Auch bei den Geschenken ist es nicht anders, denn jedes Geschenk hat zwei Seiten: eine äußere *sichtbare* Seite, nämlich das, was wir schenken, und eine innere, *unsichtbare* Seite – eine dem Geschenk innewohnende Wirkkraft.

Jedes Geschenkt hat eine emotionale und eine soziale Wirkung. Es bewirkt bei dem Beschenkten zuallererst eine Öffnung des Herzens: Der Beschenkte lässt sich erweichen, trösten, besänftigen oder gibt sich ganz der Freude und Dankbarkeit hin. Darüber hinaus erweckt es die „Bereitschaft zu gleichartiger Handlung" und zum „Aufgeben von »Zurückhaltung« im wahrsten Sinne des Wortes" (Meves 1984, S. 56).

Wird ein mit Bedacht gewähltes Geschenk überreicht, fängt die Wirkung schon bei der Übergabe an: Die begleitenden Worte – herzlich, fröhlich und das Beste wünschend, die feierliche, stimmungsvolle Atmosphäre sowie die stilvolle Verpackung, die auf das Geschenk neugierig macht – alles trägt dazu, dass der Beschenkte eine große Freude erlebt. Was ihn beglückt und erbaut, ist nicht nur das Geschenk selbst, sondern auch die Zuneigung, die Wertschätzung und die Liebe, die der Schenkende ihm damit bekundet. Jeder Beschenkte genießt die Aufmerksamkeit und das

Gefühl, für den anderen wichtig zu sein. Es ist ein freudiges und wohltuendes Gefühl sich geliebt, geschätzt und gut aufgehoben zu fühlen – in der Familie wie in dem Freundeskreis. Es baut die Seele des Beschenkten auf, stärkt sein Selbstwertgefühl und sein Urvertrauen. Viele Geschenke fangen sogar an zu wirken, bevor sie verschenkt werden. Es ist die Vorfreude, die innere Spannung, die besonders die Kinder um den Schlaf bringt.

Auch kleine unerwartete Aufmerksamkeiten können große Wirkung haben. Kommen sie direkt aus dem Herzen, haben sie die Kraft, die Menschen auf andere Gedanken zu bringen. Es bedarf nicht viel: Eine kleine Überraschung setzt positive Energie frei und lässt die Welt in anderem Licht erscheinen. Jeder kennt die Phasen, wo sich das Leben in Alltäglichkeiten erschöpft und die Lebensfreude sich erfolgreich zu verstecken scheint. Ein kleines Geschenk – sei es ein Lächeln, eine Einladung zum Tee, ein gemeinsamer Spaziergang, ein paar Blumen oder etwas Selbstgebackenes, das beim Vorbeischauen überreicht wird – bewirkt, dass wir aus der Unzufriedenheit ausbrechen. Die kleine Aufmerksamkeit hat die Kraft, unseren Blickwinkel zu ändern: Wir vermögen auf einmal, nicht nur die obere leere Hälfte in einem halb vollen Wasserglas zu sehen.

Die meisten Geschenke wirken sich positiv aus. Es gibt aber auch welche, die den Beschenkten eher betrüben und deprimieren. Manch Geschenk sogar „erbittert gegen den Geber" (Nietzsche 1878/2016, S. 167 § 297). Denn ein Geschenk spricht Bände über den Schenkenden und verrät manchmal mehr, als ihm lieb ist. So zeigt ein Mann, der seiner Frau dauernd nur Küchenutensilien schenkt, in welcher Rolle er sie sieht (oder zwingen will). Auch ein Mann, der zu jeder Gelegenheit eine Krawatte bekommt, kann sich über zu viel Aufmerksamkeit seitens seiner Frau nicht beklagen. Zudem gibt es auch Geschenke, die auf den Beschenkten wie ein erhobener Zeigefinger wirken und somit meistens beleidigend sind. Denn bekommt ein Mann einen Nasenhaarschneider, eine Frau ein Epiliergerät, werden sie bestimmt nicht von Freude und Entzückung überwältigt (außer sie haben es sich ausdrücklich gewünscht).

Welch große Aussagekraft Geschenke haben können, beweisen Tabu-Geschenke, die es in jeder Kultur gibt. Als Tabu-Geschenke gelten Dinge, denen negative Bedeutung zugeschrieben wird. In China z. B. sind Birnen ein Symbol für Pech, eine Uhr für die letzte Stunde, Messer, Brieföffner und Schere stehen für Trennung, und die bei uns so beliebten Blumen sind dort ein Zeichen für Trauer.

Geschenke und die Kunst des Schenkens

„Schenken ist keine leichte Sache." (Seneca)

Schon die Altgriechen befassten sich mit der *ars donandi*, der Kunst des Schenkens. Dass Schenken eine Kunst ist, erfährt jeder, der gerne etwas schenken will. Etwas Passendes herauszusuchen, ist für die Meisten in der Tat keine leichte Sache.

Beim Überlegen spielen drei Faktoren eine Rolle: für wen, aus welchem Anlass und von welchem Umfang das Geschenk sein soll? Je näher uns jemand steht, desto individueller und persönlicher („näher am Körper") dürfen die Geschenke sein. Bei neuen Bekanntschaften und bei Menschen, mit denen man nicht eng befreundet ist, greift man am besten zu den obligatorischen Geschenken. Über den Umfang der Geschenke entscheidet in erster Linie der Anlass: Ein Hochzeitgeschenk unterscheidet sich wesentlich von einem Geburtstaggeschenk und das wieder von einem Mitbringsel.

Angemessen zu schenken – nicht zu viel und nicht zu wenig – ist eine Kunst, die nicht jeder beherrscht. Manche schenken sehr großzügig, weil sie einfach gerne kostbare Geschenke machen. Vor allem Großeltern und geschiedene Eltern tendieren oft dazu, wenn sie die Enkel oder Kinder beschenken. Einige wollen unbedingt mehr als der andere schenken, weil sie sich davon mehr Aufmerksamkeit und Zuneigung erhoffen. Manche wollen jedoch einfach mit ihrem Geld prahlen, „den Herrn spielen", um ihre gesellschaftliche Position zu betonen oder sich einfach über die anderen zu erheben. Schon der Freiherr von Knigge schrieb, wer zu viel schenke, befriedige damit nur „seinen Hang zu Prahlerei" (Knigge 1817, S. 166).

Mit kostspieligen Geschenken kann man leider jemanden leicht in eine nicht gerade angenehme Lage bringen oder gar beschämen, sollte er nicht in der Lage sein, sich mit einem annähernd gleichwertigen Geschenk zu revanchieren. Denn „große Gaben legen auch große Pflichten auf" *. Deswegen sollten Geschenke auf den Beschenkten abgestimmt sein.

Große Vorsicht sollte man bei Geldgeschenken walten lassen. Denn der Beschenkte kann leicht dazu verführt werden, so die Soziologen, an der Summe, seine „soziale Wertschätzung" ablesen zu wollen.

---

* Gefunden in: Wüst 2010

Auch kann leicht der Eindruck entstehen, der Schenkende wolle sich die Sympathie und Zuneigung erkaufen. Geld zu verschenken, kann dann sinnvoll sein, wenn der Beschenkte für einen großen Lebenstraum selbst schon spart, damit man ihm den Traum etwas näher bringen kann.

Kurzum: Die Kunst beim Schenken heißt angemessen zu schenken: was bedeutet nicht zu viel und nicht zu wenig; nicht zu praktisch, aber auch nicht ganz ohne Sinn und Zweck. Persönliche Geschenke sollen mit Bedacht gewählt werden, andernfalls weicht man auf die obligatorischen aus.

Individuelle Geschenke

„Einige (...) erfüllen anderen Wünsche, die sich diese nie gewünscht haben." (Bertolt Brecht)

Ein individuell gewähltes Geschenk erfreut den Beschenkten ganz besonders, vorausgesetzt es entspricht *seinen* Interessen, Wünschen und Träumen. Wird ein Geschenk jedoch unpassend ausgewählt, verstimmt es womöglich den Beschenkten. Denn es kann sehr deutlich zeigen, was für ein Bild der Schenkende von dem Beschenkten hat. So kann sich der Beschenkte entweder ignoriert oder in eine Rolle gedrängt fühlen, die ihm nicht angenehm, sogar zuwider ist, besonders dann, wenn er mit ähnlichen Geschenken immer wieder „überrascht" wird.

Individuelles Schenken ist eben ein feinfühliges Schenken. Man orientiert sich in erster Linie an den Bedürfnissen des Beschenkten und nicht an seinem eigenen Geschmack. Das Herantasten kann erleichtert werden, in dem man bei der Familie und Freunden nach besonderen Interessen, Hobbys und derzeitigen Wünschen und Träumen nachfragt. Steht die Überraschung nicht an der ersten Stelle, kann man direkt nach einer Wunschliste fragen. Sogar ein Dichter greift manchmal darauf zurück:

> *Sag selbst, was ich Dir wünschen soll,*
> *ich weiß nicht zu erdenken.*
> *Du hast ja Küch und Keller voll,*
> *nichts fehlt in Deinen Schränken.*
>
> *(Friedrich Schiller)*

Der Aufwand bei den individuellen Geschenken ist zwar größer, aber ein gut gewähltes Geschenk erfreut beide Seiten: den Beschenkten, da er die Aufmerksamkeit und Liebenswürdigkeit des Schenkenden genießt, den Schenkenden, weil er mit seinem Geschenk jemandem eine Freude machen konnte.

Das Aussuchen eines besonderes und zu der Person gut passenden Geschenks macht zudem Spaß: Es weckt die Fantasie und Vorstellungskraft. Man ist nicht nur mit den Gedanken, sondern auch mit dem Herzen dabei und selbst schon voll Vorfreude. Das Aussuchen eines Geschenks birgt in sich auch eine Chance, den Menschen, den man beschenken will, neu entdecken zu können.

Bei individuellen Geschenken kann man auch gut zu einem Sammelgeschenk greifen und dem Beschenkten damit einen besonderen Wunsch erfüllen. Es findet oft mehr Anklang als viele kleine Geschenke, die im Moment nicht ganz oben auf seiner Wunschliste stehen.

Obligatorische Geschenke

„Wie wir von manchen Menschen verkannt werden, beweisen uns nicht selten ihre Geschenke." (Sigmund Graff)

Zu den Standardgeschenken gehören neben Blumen auch eine Schachtel Pralinen, eine Flasche Wein oder ein Buch. Blumen sind fast immer passend. Geschenkt werden sie zumeist den Frauen, aber auch Männer bekommen sie zu bestimmten Anlässen wie bestandene Prüfung oder Diplomvergabe. Geschenkt werden dann gerne große Blumen wie Gerbera oder Artischockenblume.

Blumen können als Strauß oder als Topfblumen verschenkt werden. Topfblumen werden als Einzelblumen wie z. B. Orchideen, Amarylis oder besonders im Vorfrühling als Arrangements überreicht: aus Hyazinthen, Narzissen, Gänseblümchen und anderen vorgezogenen Frühlingsblumen. Blumensträuße werden aus verschiedensten Blumen zusammengestellt. Zu den kleinsten gehören die Veilchensträußchen, die im Frühling angeboten werden, zu den ganz großen Lilien und die exotischen Strelitzien.

Worauf man bei Blumen achten soll, ist dessen symbolische Sprache. Besonders im 18. und 19. Jahrhundert hatte man gerne „die Blumen sprechen" lassen. Sie drückten das aus, was der gute Ton damals nicht erlaubte, es direkt zu sagen.

Die Rosen sprachen von Liebe: die weißen von heimlicher, die rosafarbenen von zärtlicher und die roten von einer leidenschaftlichen Liebe voll Sehnsucht und Feuer. Rosen in Knospen symbolisierten das Erwachen der Liebe, wobei die weiße Rose für ein unschuldiges Herz stand, das die Wonnen der Liebe noch nicht kannte. Die orange Rose redete von Hoffnung, die gelbe dagegen von Eifersucht und Untreue.

War man der Liebe seiner Auserwählten nicht sicher, schenkte man Margeriten. Hatte man Angst, vergessen zu werden, überreichte man Vergissmeinnicht; um seine eigene Treue zu betonen, wählte man die weißen Nelken. Eine Handvoll Sonnenblumen verkündete: Ich habe Augen nur für dich; durch Dahlien dagegen sagte man: Mein Herz ist schon vergeben. Um jemandem Reichtum oder gute Besserung zu wünschen, schickte man Pfingstrosen. (Auch im Feng Shui sind sie ein Symbol der Heilung.) Mit Bedacht wurden Lilien ausgewählt, da sie Reinheit und Majestät bedeuteten. Auch bei gelben Nelken war man sehr vorsichtig, da sie Verachtung signalisieren sollen.

Mag man keine Blumen schenken, bringt man eine Schachtel Pralinen mit. Kleine Schachteln werden gerne zu einer Einladung zum Tee mitgenommen, größere schenkt man auch bei anderen Anlässen. Etwas Besonders sind immer die selbst gemachten Pralinen von einem Konditor. Dabei sollte man jedoch nicht vergessen, dass nicht jeder sich über Süßigkeiten freut.

Auch eine Flasche Wein wird gerne zu Essens-einladungen mitgenommen. Ein guter Tropfen wird gerne auch bei anderen Anlässen verschenkt, voraus-gesetzt, der Beschenkte ist ein Weinliebhaber. Dabei ist es gut zu wissen, welche Weinsorte bevorzugt wird. Wer für trockenen Rotwein schwärmt, wird sich vermutlich nicht über Eiswein freuen.

Ein Buch sollte immer individuell ausgesucht werden, den Interessen und Vorlieben der bedachten Person entsprechend. Denn, obwohl es lohnend sein kann, sich auf ein unbekanntes Thema einzulassen, nicht jeden wird solches Buch erfreuen.

Verfehltes Geschenk

„Wer nicht mehr liebt und nicht mehr irrt, der lasse sich begraben. "
(Johann Wolfgang von Goethe)

Merkt man allerdings, dass das ausgesuchte Geschenk dem Beschenkten nicht die erhoffte Freude bereitet hat, nicht verzweifeln: Jeder macht mal Fehler, denn sie sind dazu da, um aus ihnen zu lernen. Will man das nächste mal sicher vorgehen – nach der Wunschliste fragen. Bei einer Wunschliste entfällt zwar der Überraschungseffekt, aber der Beschenkte bekommt das geschenkt, worauf er sich bestimmt freut.

Bekommt man selbst ein verfehltes Geschenk, empfiehlt es sich, nicht mit Verstimmung zu reagieren. Es ist nur das Ego, das schnell mürrisch wird. Stattdessen das Herz sprechen lassen und (eventuell) für das nächste mal eine Wunschliste vorbereiten.

Das Problem mit großen Erwartungen

„Die Schlucht der Wünsche ist nicht aufzufüllen. "
(aus China, um 300 v. Chr.)

Wie großzügig, wertvoll und kostbar die Geschenke ausfallen, ist nicht nur von dem Schenkenden, seiner Großzügigkeit und Fantasie abhängig, sondern auch von dem Beschenkten – und seinen Erwartungen. Leider werden nicht wenige Wünsche immer aufwendiger.

Sonach gehört zu der Kunst des Schenkens auch der Umgang mit überzogenen Ansprüchen, die besonders oft Kinder („kleiner Nimmersatt") und Jugendliche gegenüber ihren Eltern haben. Es ist viel Geschick gefragt, um den Verfassern der überzogenen Wunschzetteln schonend beizubringen, was Schenken bedeutet. Denn dank der Werbung glauben heutzutage viele von ihnen, ganz genau zu wissen, was ihnen fehlt und was sie sich wünschen. Das Problem ist es nur, dass es meist gezielt geweckte und aufgeheizte Wünsche und Vorstellungen sind und keine eigenen Herzenswünsche. Der Wünschende bemerkt nicht mal, dass er in eine Falle getappt ist: Gerade das scheint ihm unentbehrlich zu sein, was der Markt zu verkaufen wünscht.

Dabei nehmen leider die Kinder den Eltern gegenüber eine fordernde Position ein, bei der das Wünschen schnell in Verlangen umschlägt und der Wunschzettel zu einem Bestellschein wird. Geben die Eltern dem Druck nach, sitzen alle in einer Falle: Denn für die Kinder wird es ab jetzt eine Selbstverständlichkeit. Und alles, was der Mensch als selbstverständlich betrachtet, schätzt er nicht; folglich bringt es ihm auch keine Freude.

Überzogene, zu hoch gespannte und nicht immer realistische Ansprüche entstehen nicht nur bei Kindern, sondern auch bei Erwachsenen. Solche Haltung kann jede Versuchung den anderen mit einem Geschenk Freude zu bereiten, ihn glücklich zu machen, untergraben. Es geht oft Hand in Hand mit dem gestörten Verhältnis von Geben und Nehmen und ist nicht gerade förderlich für eine Beziehung.

Was Viele in ihrer Erwartungshaltung gerne vergessen – Schenken ist keine Pflicht: Keiner hat ein Anrecht darauf, beschenkt zu werden, und somit auch kein Recht, den Eltern, dem Partner oder dem Freund gegenüber Ansprüche zu stellen. Wir können Wünsche äußern, wenn wir gefragt werden. Das Geschenk annehmen, und uns bei dem, der uns Freude machen wollte, bedanken. Denn Schenken ist völlig freiwillig. Geschieht es aus Zwang, ist es kein Schenken mehr. Es ist dann eine erzwungene Abgabe – kein Geschenk, sondern ein Tribut.

Die häufigsten Anlässe

„Ein Leben ohne Feste ist wie ein langer Weg ohne Einkehr."
(Demokrit)

Obwohl man jederzeit dem anderen eine Freude machen und ganz spontan etwas schenken kann, werden die meisten Geschenke anlassbezogen überreicht. Zu den beliebtesten Schenkanlässen gehört Geburtstag (in manchen Ländern der Namenstag) und Weihnachten. Auch zu einer Hochzeit, Verlobung, einem Hochzeitstag (besonders einem runden) oder Jubiläum werden Geschenke überreicht, genauso wie zur Geburt eines Kindes, seiner Kommunion und Firmung. Auch am Nikolaustag und Ostern schenkt man sich gerne kleine Aufmerksamkeiten, und selbst bestandene Prüfungen oder andere bedeutsame Ereignisse wie ein Umzug, neue Arbeit und sogar eine lange Reise, werden gerne mit einem Geschenk gewürdigt.

Geschenke verleihen nicht nur einem Dank, sondern auch einer Entschuldigung mehr Gewicht und werden deswegen bei solchen Anlässen gerne mitgenommen. Auch bei der Begrüßung eines lange Zeit nicht gesehenen Freundes überreichen viele am Flughafen oder Bahnhof gerne kleine Aufmerksamkeiten als Zeichen des Willkommens, um ihrer Freude mehr Ausdruck zu verleihen.

Manche Anlässe haben eine lange Tradition wie der Nikolaustag, Weihnachten oder Ostern. Andere dagegen sind neueren Datums und werden weltweit an verschiedenen Tagen gefeiert. Zu solchen Anlässen gehören Mutter-, Vater- und Kindertag. Der Muttertag wird seit Anfang des 20. Jahrhunderts gefeiert, meistens am 2. Sonntag im Mai, aber auch im März (England, Irland, Mittlerer Osten), November (Russland) und Februar (Israel). Der Vatertag hat eine genauso lange Geschichte und wird meistens am 3. Sonntag im Juni gefeiert oder wie in Spanien, Portugal und Italien an dem Josefstag. Den Kindertag gibt es seit 1925 und auch sein Datum variiert stark: In den meisten Staaten wird er am 1. Juni gefeiert, in anderen schon im April (Mexiko), Mai (Japan, Korea) oder erst in November (Indien). Relativ neu ist der Valentinstag am 14. Februar.

Auch die Schenkanlässe neueres Datum sind mit der Zeit lieb gewonnene Rituale geworden. Viele der hergebrachten Schenkanlässe sind ein Teil der traditionellen Bräuche. Die einen wie die anderen ordnen und strukturieren das Leben und wirken festigend auf die sozialen Systeme: die Familie wie die Gesellschaft. In einer Welt, in der sich alles ständig verändert, geben sie dem Leben einen Rhythmus und Stabilität und beeinflussen somit die Wahrnehmung des Menschen.

Gerade die immer wieder kehrenden Festtage, die religiösen wie die persönlichen, werden mit viel Vorfreude erwartet und das nicht nur von den Kindern. Sind sie gut gelungen, bleiben sie als eine wärmende Erinnerung, eine geistige Nahrung, und können lebenslang die ihnen innewohnende Energie spenden und dem Menschen Halt geben.

Advent und der Tag der Nikolausstrümpfe

„Glöckchen klingt von Haus zu Haus, heute kommt St. Nikolaus!"
(Weihnachtsgedicht)

Weihnachten wird nicht umsonst das Fest des Schenkens genannt. Schon in der vorweihnachtlichen Zeit tasten wir uns an das Schenken heran. Am Nikolaustag werden die ausgehängten Strümpfe nachts heimlich mit kleinen Geschenken aufgefüllt. In vielen Familien werden allein für den Tag bunte Nikolausstrümpfe gefertigt, oft verziert mit Namen der Kinder und passenden Stickereien.

Die heimliche Bescherung lässt die Tage verzaubern: Das Aufhängen der Strümpfe am Vorabend und die Überraschung am Morgen versetzten die Kinder in freudige Erregung. Können die Geschenke noch so klein und „alltäglich" sein wie „Apfel, Nuss und Mandelkern", die Freude ist immer groß.

Weihnachten und der vergessene Zauber

„Denn ich lebe nicht von den Dingen, sondern vom Sinn der Dinge."
(Antoine de Saint-Exupéry)

An Weihnachten entwickelt das Schenken einen unnachahmlichen Zauber: Alle beschenken sich gegenseitig und nicht nur die Kinder warten ungeduldig auf den Weihnachtsmann. Die nach Harz duftende, prachtvoll dekorierte Tanne, die kleinen Lichterketten und die tanzenden Kerzenflammen sowie die vielen bunt verpackten Geschenke verzaubern die Stimmung und machen die Bescherung zu einem außergewöhnlichen, fast märchenhaften Geschehen. Vor allem die

Kinder reagieren darauf mit Begeisterung und Entzücken, und behalten solche Momente tief in ihrem emotionalen Gedächtnis – oft das ganze Leben lang.

Für viele Menschen hat jedoch Weihnachten seinen Zauber eingebüßt. Das Fest sei zu reinem Kommerz verkommen und diene vor allem dem „Weihnachtsgeschäft", beschweren sie sich. Die vorweihnachtlichen Tage versinken im Stress, weil so viel erledigt, vorbereitet und gekauft werden muss – auch die vielen Geschenke. Sie müssen erst erstanden, die ellenlangen Wunschlisten abgearbeitet werden.

Weil die Geschenke ein gutes Geschäft verheißen, schlägt der Handel erwartungsgemäß seine Werbetrommeln besonders beharrlich. Die „Wunschlisten" werden dadurch oft länger und anspruchsvoller. Denn für die unermüdliche Werbung ist es ein Leichtes, dem unersättlichen Ego vorzugaukeln, was es unbedingt haben muss. Die aufgeheizten Erwartungen tragen nicht nur zu dem vorweihnachtlichen Stress bei. Sie können sogar bei der Bescherung die festliche Stimmung ruinieren – da ihnen die Unzufriedenheit fest im Nacken sitzt: Bekommt man nicht genau das Gewünschte unter die Tanne, wehrt sich das Ego mit Murren und Knurren.

Unruhe und Stress stecken jedoch nicht in den Tagen, sondern in uns selbst, in dem, *was wir denken*. Denn das macht unsere Einstellung aus*. Entziehen wir uns dem Kommerz und lassen uns ein auf die, seinem ursprünglichen Sinn nach, besinnlichen Tage, entdecken wir deren Geist und können den Zauber erspüren

---

* Der Denkansatz: „Wir sind, was wir denken" kommt schon in Dhammapada (Kapitel 1; Vers 1) vor, einer der ältesten buddhistischen Schriften. Er findet sich auch in modernen philosophischen und psychologischen Strömungen.

und somit die Tage mit einer kindlichen, archetypischen Freude erleben.

Sind wir friedlich und froh, macht auch das Schenken wieder Freude. Man schenkt frei nach dem Herzen und erfreut sich an den liebevollen Geschenken und an der Liebe und Zuneigung, die hinter jedem von ihnen stecken. „Ein ruhiger, friedvoller Geist" (vgl. Yeshe 2000, S. 20) ist deswegen das beste Geschenk, das man sich und anderen zu einer Weihnachtsfeier wünschen kann.

Ostern und der Osterhase

„Es ist das Osterfest alljährlich für den Hasen recht beschwerlich."
(Wilhelm Busch)

Ostern werden traditionell nur die kleinen Kinder mit Geschenken bedacht. So wie Weihnachten auf den Weihnachtsmann, warten sie an Ostern auf den Osterhasen. Der kommt am Ostersonntag in aller Frühe und versteckt die bunt bemalten Eier und oft genug auch kleine Geschenke und Schokoeier dazu. Die Vorfreude ist natürlich groß und die morgendliche Suche macht nicht nur den Kindern, sondern der ganzen Familie viel Spaß.

Manch Erwachsener folgt einem alten Brauch und verschenkt bunt verzierte Ostereier an seine Freunde. Da sie als Symbol des Lebenserneuerung und des Lebens selbst gelten, werden sie als eine liebevolle Gabe gerne angenommen. Die ausgepusteten und kunstvoll verzierten Eier werden gerne gesammelt und jedes Jahr zu Ostern in einem Korb oder einer Schale präsentiert.

Was man alles schenken kann

Geschenke für Erwachsene

„Schenke groß oder klein, aber immer gediegen."
(Joachim Ringelnatz)

Kennen wir die Vorlieben der Person, die wir beschenken wollen, ist die Auswahl viel einfacher. So schenkt man einem Weinliebhaber ein Buch über Weine, einen besonders eleganten Korkenzieher und natürlich eine Flasche guten Weins. Dabei soll man auf Farbe, Rebsorte, Güteklasse und Anbaugebiet sowie auf den Jahrgang achten.

Abhängig von der Farbe der Trauben haben wir zur Auswahl den Weißwein, Rotwein oder Roséwein. Die Rebsorten legen den Grundcharakter des Weines fest. Riesling, Chardonnay, Chenin Blanc und Sauvignon Blanc gehören zu den edelsten weißen Rebsorten; Spätburgunder, Syrah (Shiraz), Merlot, Cabernet Sauvignon und Pinot noir zu den roten. Die Güteklasse entscheidet über Tafelweine und Qualitätsweine. Unter den Qualitätsweinen unterscheidet man in Deutschland Weine aus bestimmten Anbaugebieten und Prädikatsweine in verschiedenen Prädikatsstufen u. a.: Kabinett, Spätlese, Auslese (Spitzenweine) und Eiswein (aus gefrorenen vollreifen Trauben).

Auch bei einem Musikliebhaber ist die Auswahl groß und reicht von einer CD bis zu einer Konzertkarte, die man durchaus auch zusammen mit anderen schenken kann. Für die Schallplatten-Fans kann eine limitierte Ausgabe interessant sein. Aber auch mit einem Buch über Musiker und ihre Werke kann man einem Freude machen. Dabei ist es vorteilhaft, die musikalischen Vorlieben der bedachten Person möglichst genau zu kennen.

Einem Buchliebhaber schenkt man natürlich Bücher: Sachbücher über Themen, die ihn interessieren oder Romane seiner Lieblingsautoren. Dabei müssen es nicht immer neue Bücher sein. Manchmal kann man gerade mit einem lang ausverkauften Buch, das man gezielt in Antiquariaten gesucht hat, jemandem große Freude machen.

Besonders einfach ist es, jemanden etwas zu schenken, der gerne kocht und backt. Denn außer einem interessanten Kochbuch stehen verschiedenste Zutaten zur Verfügung: erlesene Gewürze, Öle, feinstes Meersalz, exquisite Essige und viele andere aromatische Zutaten von ausgesuchter Herkunft.

Zu den begehrtesten (und teuersten) Gewürzen gehört der Safran. Das sehr aromatische Gewürz gibt den Speisen eine wunderbare goldgelbe Farbe und einen hocharomatischen Geschmack. Dabei gilt: je dunkler die orangen Fäden, desto besser ist die Qualität.* Safran wird genauso gerne fürs Kochen wie fürs Backen benutzt. In Spanien benutzt man ihn traditionell für *Paella*, in Frankreich für *Bouillabaisse* und in Italien für *Risotto*.

Neben einzelnen Gewürzen werden gerne auch Gewürzmischungen verschenkt. Freunde der asiatischen Küche kann man mit *Sichimi Togaraschi* (japanische Sieben-gewürzmischung), *Panch Foron* (bengalische Fünf-Samen-Gewürz) oder indische *Garam masala* beglücken. Man kann sich auch für eine der unzähligen Currypasten, Chili- und

---

* Safran kauft man am besten in Fäden, da der gemahlene verfälscht werden kann. Saflor färbt zwar die Speisen gelb wie das Original, gibt ihnen aber kein Aroma.

Fischsoßen oder für andere aromatische Zutaten wie z. B. den Wasabi entscheiden. Für alle, die gerne mediterran kochen kann man die französischen Gewürzmischungen: *Quatre épices*, *Bouquet garni*, *Herbes de Provence* auswählen, die hervorragend als Zusatzgeschenk zu einem erlesenen Olivenöl passen.

Zu dem besten Olivenöl gehört natives Olivenöl extra vergin (olio extra vergine di oliva). Es ist ein hochwertiges, naturreines Öl aus erster Pressung von ausgesuchten Früchten.

Zum Verschenken eignen sich auch die seltenen Essige wie der Sheryessig, Cidreessig oder der in den asiatischen Küchen viel benutzte Reisessig. Der begehrteste von allen ist der Balsamico-Essig. Der originale Aceto Balsamico Tradizionale ist ein reines Naturprodukt und wird in Italien in der Gegend von Modena und Reggio Emilia produziert. Der sehr aromatische und leicht süßlich schmeckende Balsamessig wird aus reinem Traubenmost produziert und reift mindestens zwölf Jahre in Holzfässern. Mit den Jahren wird er immer sämiger und aromatischer und selbstverständlich auch kostspieliger. Der Essig wird von vielen genauso geschätzt wie ein guter Wein.

Auch gutes Meersalz wird gerne verschenkt. Die beste Sorte wird Fleur de Sel (Flor de Sal) genannt. Es sind die ganz kleinen Salzkristalle, die sich an der Oberfläche in den Salzgärten absetzen (Salzblüte) und jeden Tag mit einem Sieb abgeschöpft werden. Die „Salzblume" ist das feinste und teuerste Meersalz. Feinschmecker behaupten, dass das Salz den Eigengeschmack der Lebensmittel bis zu 10 Prozent steigern kann.

Es gibt viele besondere Leckerbissen, mit denen man anderen Freude machen kann: Honig direkt von Imker, besonderer Ahornsirup, erstklassiger Tee oder Kaffee, frisch gepresstes Kürbisöl von bester Qualität. Viele freuen sich über Selbstgemachtes: Salbei-Honig,

Kräutersalz, Relish, ein Gläschen eingelegte Zwiebeln und Pilze, Konfitüre, Marmeladen und Gelees, ein Glas milchsaure Gurken, schön verpackte Plätzchen und besondere Brote u. v. a. m.

Aber auch selbst gefertigte Sachen stehen bei vielen hoch im Kurs: Lavendelsäckchen, Potpourri, besondere Seifen, eine liebevoll gebastelte Pinnwand u. v. a. m. Vorsicht ist nur geboten, wenn der Schenkende keine großen handwerklichen Talente aufweist. Denn keiner wird sich so recht freuen können über ein schiefes Windlicht, außer wenn man es von einem Kind geschenkt bekommt.

Sehr dankbare Empfänger sind Gartenliebhaber. Man kann sie mit seltenen, gekauften oder selbst gezogenen Pflanzen, Gartenbüchern oder besonderen Samen erfreuen. Und alle Sammler der Welt freuen sich über etwas, was sie selbst erfolglos gesucht haben.

Eine etwas andere Art von Geschenken sind die Gutscheine. Besonders, wenn man die Vorlieben der Person, die man gerne beschenken will, nicht so genau kennt, kann man mit einem Gutschein mehr Freude machen, als mit einem unglücklich gewähltem Geschenk. Mit einem Gutschein schenkt man quasi zwei mal, zuerst den Gutschein, dem dann das Aussuchen des eigentlichen Geschenks folgt (beziehungsweise eine nette Zeit beim Essen, sollte es ein Restaurantgutschein gewesen sein).

Schenkt man jedoch einen Gutschein zu oft, kann der Eindruck entstehen, dass man sich das Schenken einfach macht. Indem man ihn wenigstens von Zeit zu Zeit mit einer Kleinigkeit zusammen verschenkt, steuert man dem entgegen.

Geschenke unter Liebenden

„Schenk und Gaben sind Zeugen der Lieb." (alter Spruch)

Geschenke unter den Liebenden gelten meistens als eine Botschaft. Sie helfen die innigen Gefühle zu offenbaren, die das von der aufkeimenden Liebe erfüllte Herz mit keinem einzigen Wort herausbringen kann.

Verschenkt werden oft ganz einfache Dinge. Früher waren es die Poesiealben, durch die man seine Gefühle zu offenbaren und die des anderen zu erwecken versuchte. Heutzutage werden in derselben Hoffnung selbst gebrannte CD´s mit einem bestimmten Musikmix und kuschelige Stofftiere (besonders oft kleine Bärchen) verschenkt. Später kommen auch Armbänder mit gravierten Anhängern, Herzchen-Anhänger und Medaillons sowie Fotos, in Rahmen oder als Fotodruck als Geschenke in Frage. Auch Blumen spielen immer noch eine große Rolle. Besonders die roten Rosen versinnbildlichen bis heute eine leidenschaftliche und sehnsuchtsvolle Liebe.

Steht die Liebe in voller Blüte, wird ein Ring verschenkt – als Zeichen für eine tiefe, unerschütterliche Zuneigung. Seine geschlossene, kreisförmige Form wird in allen Kulturen als Sinnbild für Unendlichkeit, Ewigkeit und Verbundenheit angesehen. Schon die alten Ägypter sahen in einem Ring ein Liebespfand. Und auch heutzutage wird ein Ring, besonders ein Ehering, als Symbol für Beständigkeit, Zusammengehörigkeit und Treue von Liebenden getragen. Heiraten eines Tages die Liebenden, so schenken sie sich neben dem Ehering ihr ganzes Vertrauen.

Geschenke für Kinder

„Gebt dem kleinen Kind einen dürren Zweig, es wird mit seiner Fantasie Rosen daraus sprießen lassen."(Jean Paul)

„Wen Gott verrückt machen will, dem erfüllt er alle Wünsche."
(Paulo Coehlo)

Kinder zu beschenken ist nicht so einfach, wie man im ersten Moment zu glauben vermag. Bedenken soll man vor allem, dass die Kinder heutzutage eher zu viel als zu wenig Spielsachen haben, was viele, besonders die kleinen Kinder, überfordert. Werden die Kinder mit Spielzeugen überschüttet, nimmt die große Menge an Spielsachen viel Platz weg und macht das Kinderzimmer unübersichtlich.

Neben Spielsachen gibt es auch andere Formen des Schenkens, mit denen man den Kindern eine Freude machen kann. Eine davon ist, erfüllte Zeit zu schenken: gemeinsames Basteln, Backen oder Gärtnern macht den meisten Kindern viel Spaß. Soll es etwas besonderes sein, kann ein Abenteuer verschenkt werden: ein Zirkus-, Naturmuseum-, Theater- oder Bauernhofbesuch, eine Fahrt zum Erlebnispark oder mit einem historischen Zug. Solche Erlebnisse begeistern die meisten Kinder und bleiben länger in ihrem emotionalen Gedächtnis als geschenkte Spielsachen.

Entscheidet man sich doch für ein materielles Geschenk, sind natürlich Geschenke zu bevorzugen, die das Kind weiter bringen, seine Zeit mit Inhalt füllen, seine Fantasie beflügeln und sein Wissen und seinen Wortschatz erweitern.

Gerade deswegen werden gerne Bücher verschenkt. Sie ermöglichen ein Abtauchen in eine andere Welt,

„wandern gehen in ferne Welten, aus den Stuben über die Sterne", wie der Dichter es ausdrückt, und beflügeln die Fantasie. Dabei ist es gleich, ob es eine Fantasie- oder eine reale Welt ist. Hauptsache, es ist eine dem Kind noch weithin unbekannte Welt – mit andersartigen Landschaften, unterschiedlichen Menschen und deren ungewöhnlichen Ansichten und Geschichten. Ganz zu schweigen von der Welt der Tiere, Pflanzen und Mineralien. Ein Buch bringt Vorfreude auf das, was es zu erzählen hat. Es ist „der beste Kamerad", der sogar einen verregneten, grauen Tag zu erhellen vermag.

Durch Bücher lernen zudem die Kinder den Umgang mit Sprache. Sie lernen „den verbalen Code zu entschlüsseln" und ihre eigenen Fantasiebilder zu erzeugen – im Gegensatz zum Fernsehen und Co., wo sie nur passiv die angebotenen Bilder aufnehmen. Bücher ermöglichen den Kindern, die Welt mit den Augen anderer Menschen zu sehen; erfahren, wie sie denken und fühlen und lernen deren Sichtweisen zu verstehen. Dank all dem Wissen können sie sich später leichter in andere Menschen hineinversetzen und neigen nicht so schnell zum Schubladendenken und zu Vorur- teilen.

Schauen wir uns nach einem Spielzeug um, ist es empfehlenswert, Fantasie fördernde Spielsachen zu bevorzugen und nicht solche, die einmal eingeschaltet, nur den „passiven Zuschauer" brauchen oder nur das Folgen der vorgegebenen Handlungen verlangen. Denn Spielen bedeutet für Kinder auch Lernen. Spielen die Kinder vorwiegend mit Fantasie anregenden Spielzeu- gen, können sie auch mit einfachsten Mitteln was anfangen und langweilen sich nicht, wenn sie sich auf einer Wiese, an einem Strand oder im Wald befinden.

Bei alldem sollte man jedoch das Kind und seine momentanen Bedürfnisse im Blickfeld behalten und imstande sein, ihm auch Geschenke zu kaufen, für die man sich als Elternteil nicht unbedingt erwärmen kann, welche jedoch für das Kind ein richtiger Herzenswunsch sind, denn Spielzeuge sollen auch Spaß machen und das Kind erfreuen. Manche der großen Wünsche entstehen zwar nur, um sich in ihrer Umwelt (Kindergarten, Schule, Freunde) besser aufgehoben zu fühlen, manche aber kommen aus der Tiefe ihrer Seele.

Großen Kindern wird manchmal auch Geld geschenkt, was viele als grenzwertig empfinden. Sinnvoll ist es bestimmt, es jedes mal abzuwägen: Spart ein Kind schon einige Zeit für etwas Besonderes, kann es sinnig sein, ihm Geld dafür zu schenken. Denn so kann es sich seinen Wunsch in absehbarer Zeit erfüllen, wird zudem in seinem Streben bestätigt und unterstützt. Ist es dann soweit, ist die Freude manchmal viel größer, als wenn der Wunsch ohne Wenn und Aber sofort von den Eltern (Großeltern) erfüllt worden wäre. Dennoch ist es bestimmt ratsam, ein Geldgeschenk nicht zur Gewohnheit werden lassen.

Kleine Aufmerksamkeiten

„Ein ganz wenig Süßes kann viel Bitteres verschwinden lassen."
(Petrarca)

„Kleine Geschenke erhalten die Freundschaft", heißt es im Volksmund. Und das nicht umsonst, denn sie bezeugen unsere Sympathie und unser Wohlwollen. Ein Mitbringsel ist auch ein sichtbar gewordener Dank für eine Einladung und den damit verbundenen Arbeitsaufwand.

Gerade weil die Geschenke so klein und bescheiden sind, sind sie so kostbar: Sie verpflichten nicht, buhlen nicht um die Gunst des Beschenkten, brüsten sich nicht mit seinem Wert. Es sind einfach liebevolle Aufmerksamkeiten, die den Beschenkten zu erfreuen hoffen.

Die Kleinigkeiten werden vorwiegend bei kleineren Einladungen überreicht wie einem sonntäglichen Brunch, lauschigen Abendessen, gemütlichen Teetrinken oder einem kleinen Kaffeeplausch. Besonders gerne werden selbst gemachte Sachen mitgenommen, unter denen sich genauso Blumen aus dem eigenen Garten, Lavendelsäckchen für einen Wäscheschrank sowie Erdbeermarmelade und Plätzchen befinden: alles kleine Köstlichkeiten, die man nicht jeden Tag bekommt. – Daher wissen sich auch die Beschenkten reich beschenkt.

Sind Kinder im Haus, bringt man ihnen eine Kleinigkeit mit. Aufregender als die obligatorischen Süßigkeiten könnten seltene Obstsorten wie Himbeeren, Monatsbeeren oder Blaubeeren sein, auch getrocknetes Obst, Nüsse und selbst gemachte Plätzchen sowie Minibücher und Minispiele – alles lustig verpackt – kann mit kurzen humorvollen Wünschen überreicht werden.

Es ist selbstverständlich, dass alle Geschenke schön verpackt gehören. Sie können zusammen mit einer Karte überreicht werden, die neben den besten Wünschen auch ein passendes Zitat enthält, der einen erfrischt und beflügelt.

Die ideellen Geschenke und die andere Dimension des Schenkens

„Ihr gebt nur wenig, wenn ihr von eurer Habe gebt. Wahrhaft gebt ihr erst, wenn ihr von euch gebt." (Khail Gibran)

Anders schenken

„Wo immer wir wandern, wirken Wunder." (Andreas Tenzer)

Das Schenken ist nicht auf das Materielle beschränkt. Im weiten Sinne des Wortes versteht man unter Schenken auch das Verschenken von ideellen Gütern wie Liebe, Freundschaft und Hoffnung, Rat und Trost. Besonders die Erziehung der Kinder wäre nicht möglich, ohne dass man ihnen viel Zeit, Aufmerksamkeit, Geduld und Liebe im Überfluss schenkt. Von sich selbst zu schenken, ist eine andere Dimension des Schenkens, die eine tragende Wirkung hat.

Leben schenken

„Das Leben ist ein wahres Geschenk, denn die Kinder gehören uns nicht. Sie verbleiben eine Weile bei uns, um weiter zu ziehen, ihre Wege zu gehen." (Chris Griscom)

Alle Eltern dieser Welt schenken ihren Kindern das Leben und folglich ihre uneingeschränkte Liebe, Zeit, Kraft, Aufmerksamkeit und Geduld. Sie geben den Kindern Milch und Honig, Wurzeln und Flügel, sodass sie stark und unerschrocken in die Welt gehen können. Für Erich Fromm, den bekannter Psychoanalytiker und Sozialphilosoph, symbolisierte Milch die Fürsorge, Honig die Süße des Lebens, die Eltern in ihren Kindern wecken sollten. Auch ein altes Sprichwort rät den Eltern ihren Kindern, die Wurzeln, so lange sie klein sind; die Flügeln, wenn sie größer werden, zu geben.

Aus der Sicht der fernöstlichen Traditionen ermöglichen die Eltern mit ihrem Geschenk, einer Seele auf die Welt zu kommen, um sich weiter entwickeln zu können in dem großen Kreis der Inkarnation. Aus der Sicht des systemischen Denkens nehmen die Kinder das Geschenk des Lebens an und würdigen die Eltern.

Liebe schenken

„Liebe ist das Ur-Geschenk." (Josef Pieper)

Liebe akzeptiert den anderen, so wie er ist. Sie zeigt zwar die Grenzen, aber sie vergleicht, belehrt und tadelt nicht. Liebe ist an keine Bedingungen geknüpft: Sie will keinen besitzen, manipulieren oder gefangen halten. Sie lässt den anderen seine Wege gehen, sich frei zu entwickeln und zu reifen – und erfreut sich an seinem Wohlergehen. Indem wir dem anderen Vertrauen, Aufmerksamkeit, Geborgenheit, Unterstützung und Zeit schenken, schenken wir ihm die Liebe. Das bereichert uns selbst, denn wir werden dabei reifer und zufriedener. In einem sehr bekanntem Spruch von Clemens Brentano heißt es: „Die Liebe allein versteht das Geheimnis, andere zu beschenken und dabei selbst reich zu werden".

Vertrauen schenken

„Wer andern gar zu wenig traut, hat Angst an allen Ecken."
(Wilhelm Busch)

Vertrauen zu schenken, bedeutet, den anderen gegenüber nicht misstrauisch zu sein und somit nicht überall eine Gefahr zu wittern. Das ist zuerst ein großes Geschenk an uns selbst, denn wir geben dem Argwohn keine Macht über uns. Vertrauen wir den anderen, stellen wir sie nicht ständig infrage, sind nicht ständig auf der Lauer und in Alarmbereitschaft – und missdeuten alles Mögliche. Vertrauen ist die Basis jeder Beziehung und jeder Freundschaft.

Jemanden Vertrauen zu schenken, bedeutet auch, an ihn zu glauben. Besonders die Kinder sind auf das Vertrauen der Erwachsenen, und das nicht nur der Eltern, sondern auch der Lehrer und aller anderen, die einen Einfluss auf ihr Leben haben, angewiesen: Vertrauen in ihre Stärke, ihre Talente und ihre Träume. Schenken die Eltern ihren Kindern Vertrauen, so bedeutet es, dass sie sie so akzeptieren, wie sie sind, und sie nicht ständig an den eigenen Wunschbildern oder den „genialen" Kindern anderer Leute messen – und dem Wesen des Kindes eine fremde Rolle aufzuzwingen versuchen. Spüren die Kinder das Vertrauen der Lehrer*, haben sie mehr Freude am Lernen.

Den Jugendlichen Vertrauen zu schenken, heißt es, sie loslassen zu können, wenn sie sich im Prozess der Trennung befinden und es zu respektieren, wenn sie ihren eigenen Weg gehen.

Auch sich selbst sollte jeder Vertrauen schenken. Viele neigen dazu, den eigenen Erfahrungen zu misstrauen, den Erfahrungen anderer dagegen ohne weiteres zu glauben. Nicht wenige sind zudem überzeugt, dass sie, so wie sie sind, niemals genügen (vgl. Connor S. 217). Vertrauen wir jedoch in die eigene Stärke – so wie die Vögel ihren Flügeln vertrauen, dass sie sie tragen – vertrauen wir uns selbst und werden

---

* Der Erwartungseffekt (Rosenthaleffekt – eine Serie Experimente von den Psychologen Robert Rosenthal und Leonore F. Jacobson) besagt, dass die Erwartungen der Lehrer (messbaren) Einfluss auf die Leistungen der Schüler haben. Nach dem Kommunikationsforscher Paul Watzlawick ist es ein Beispiel indirekter, averbaler Kommunikation (vgl. Watzlawick 1976, S. 47-48), die auch zwischen Kindern und Eltern statt findet.

mehr zu denen, die wir sind*. Dann hinterfragen wir vielleicht die Ansprüche, die wir an uns stellen und entwickeln die Kraft, uns von den fremden Erwartungen zu lösen. Entwickeln wir Selbstvertrauen, werden wir unser bester Freund.

Vertrauen schenken soll man aber nicht nur sich und den anderen, sondern auch dem Leben selbst. Denn begegnen wir dem Leben mit Vertrauen, bedeutet es dessen Bejahung, was eine positive, optimistische Einstellung zur Folge hat: In unserem Leben herrscht dann Zuversicht, dass alles seinen Sinn hat, auch wenn wir ihn nicht immer zu erkennen vermögen. So gesehen ist das Urvertrauen wie „ein Funke einer höheren Gültigkeit". Es verleiht uns Lebensfreude, Kraft und Kreativität, gibt auch die Gewissheit, dass das Leben mehr ist, als uns die Medien** zu vermitteln suchen – nämlich ein Prozess des Lernens und Wachsens.

Aufmerksamkeit schenken

„Die Leute lieben nichts mehr als eine vorgefertigte Beschreibung, die sie einem Mann anhängen und sich damit alle Zukunft jegliche Mühe sparen können." (William Somerset Maugham)

Die taoistische Lebensphilosophie empfiehlt, sanft mit sich und den anderen umzugehen, um sie seelisch nicht zu verletzen. Die meisten Menschen teilen diese Ansicht, auch wenn ihre Haltung oft andere Wurzel hat.

---

* Zitiert wird meistens: „Werde, der du bist." Das Original von Pindaros aus Theben 522-446 v. Chr. lautet: „ Erkenne, wer du im Kern deines Wesen bist, und dann werde es."

** Man sollte sich immer vor Augen halten, dass die Welt, in der wir leben, nicht nur aus negativen Nachrichten besteht, sondern sehr viel Liebe in sich trägt. Man denke nur an all die Liebe, die die Mütter und Väter dieser Welt ihren Kindern schenken.

Dennoch gehen wir nicht immer wirklich freundlich und achtsam mit unseren Mitmenschen um. Das mag daran liegen, dass wir gerne an der Oberfläche bleiben, uns ein Bild von dem anderen machen und dann nur das sehen, was wir *erwarten*. Dabei vergessen wir, dass der Mensch nicht das ist, was andere über ihn denken, denn die Meinung anderer bestimmt nicht seine Identität. – Obwohl „das immer gegenwärtige Wissen um die Ansichten und Erwartungen anderer" (Kopp 1990, S. 55) nicht ohne Einfluss auf ihn ist.

Was wir von anderen wahrnehmen, ist sehr subjektiv. Denn: „Jeder sieht in dem anderen, *nur soviel* er auch selbst ist", wie Schopenhauer es ausdrückt. Sogar ein altes Sprichwort pflichtet ihm bei: „Jeder sieht durch seine eigene Brille".

Schenken wir den anderen unsere Aufmerksamkeit, so haben wir die Chance, sie als Persönlichkeiten wahrzunehmen – sie in allen ihren Facetten zu entdecken. Kennen wir ihre Ansichten, Erwartungen, Sorgen, Freuden und Träume, erscheinen sie uns nicht mehr undurchschaubar und fremd.

Aber auch den Menschen, die uns nahe stehen, sollen wir Aufmerksamkeit schenken. Denn in unserem schnelllebigen Alltag, in dem wir einer Unmenge an Reizen ausgesetzt sind, kann schnell passieren, dass wir gerade unseren Liebsten, die wir immer um uns haben, nicht genug davon widmen. Vor allem Kinder brauchen sehr viel davon. So lange sie klein sind, kann man sich darauf verlassen, dass sie unsere Aufmerksamkeit (auch mal lautstark) auf sich ziehen. Mit den Jahren jedoch werden sie stiller und können leicht aus unserem Blickwinkel verschwinden – und sich in einer Welt bewegen, die uns mangels Interesse fremd wird. Besonders seitdem fast jeder „einen Smart- und andere Phone" besitzt, erlebt man immer öfter, dass sich Menschen mit anderen am Smartphon, aber nicht miteinander unterhalten. Sitzen sie gerade mit anderen am Tisch, ist das nicht nur unhöflich den anderen gegenüber, sondern auch ein Verlust. Vor allem Familien verpassen dabei sehr viel: das miteinander Reden und Diskutieren, Erzählen und Zuhören, schmunzeln und lachen. Statt Miteinander, das einem Halt und Geborgenheit gibt, haben wir dann lediglich ein Nebeneinander und werden „gemeinsam einsam".

Schenken wir den anderen unsere Aufmerksamkeit, so beschenken wir sie mit Beachtung und Respekt und stärken somit deren Selbstwertgefühl und Selbstbewusstsein, was jedem Menschen zugutekommt.

Rat schenken

„Du darfst nicht andere nach deinem Weg fragen. Du musst erst einmal zu dir selbst zurückkehren." (Kodo Sawaki)

Einen Rat zu schenken, fällt den meisten Menschen nicht schwer. Denn wir alle lassen gerne die anderen an unserer Erfahrung teilhaben und streuen eifrig unsere Ratschläge überall, wo wir uns befinden. Fraglich ist aber, ob man unbefragt einen Rat schenken soll.

Es zeugt von Reife, in das Leben anderer nicht einzugreifen. Besonders Eltern fällt es schwer, ihre Kinder als Erwachsene zu sehen und ihnen das Anrecht auf eigene Erfahrungen, besonders eigene Fehler aus denen sie lernen können, zuzugestehen. Auch wenn es schwer fehlt – man kann und darf dem anderen sein Leben nicht abnehmen.*

Befindet sich jemand in einer Situation, in der er unser Wissen und unsere Erfahrung braucht, sollte unser Rat nur eine Starthilfe geben und nicht in eine fürsorgliche Bevormundung ausarten, ganz nach dem Ansatz von Maria Montessori: „Hilf mir, es selbst zu tun."

Zeit schenken

„Die Arbeit läuft dir nicht davon, wenn du deinem Kind den Regenbogen zeigst." (fernöstliche Weisheit)
„Schildkröten können mehr über die Straße erzählen als Hasen." (Khail Gibran)

Man schenkt dem anderen Zeit, entweder indem man für ihn da ist, um ihm etwas Gesellschaft zu leisten oder ihm die Möglichkeit schenkt, für sich etwas Zeit zu haben, sodass er sich eine Weile ausruhen und entspannen, auf sich selbst besinnen und sein inneres Gleichgewicht wieder erlangen kann. Die geschenkte Zeit wirkt sich positiv auf seinen Alltag und seine Beziehung aus, zu anderen wie zu sich selbst.

Bei all der Zeit, die wir den anderen schenken, sollten wir jedoch uns selbst nicht aus den Augen verlieren und aufpassen, dass es uns selbst nicht zu viel wird. Schon die alten chinesischen Weisen wussten, dass man sich davor hüten soll, mehr auf sich zu nehmen, als man zu tragen vermag.

---

* Es heißt, die Kontrolle abgeben und sich im Vertauen üben, denn „nach und nach werden die Dinge zur Ruhe kommen und ganz natürlich ihren Platz finden. Genauso, als wenn man eine Handvoll Reis auf eine glatte Oberfläche fallen lässt. Jedes Korn kommt von selbst zur Ruhe." (Sogyal Riponche)

Daran sollte man besonders bei Menschen denken, die sich ständig hilflos und von Problemen beladen geben, und die ganze Verantwortung für ihr Leben am liebsten an die anderen abgeben würden.

Gehör schenken

„Teilnahme ist der goldene Schlüssel, der die Herzen anderer öffnet." (Samuel Smiles)

Gehör zu schenken bedeutet, jemandem eine Gelegenheit zu geben, sich seine derzeitigen Probleme von der Seele zu reden, seine Gedanken zu ordnen oder „indem er seine eigene Geschichte erzählt" (Kopp 1990, S. 23) sich selbst neu zu entdecken. Denn erzählt man seine Lebensgeschichte, bekommt man ein besseres Gefühl für sich selbst. Es hilft, sich besser zu spüren und dadurch selbstbewusster durch das Leben zu gehen.

Gibt man dem anderen die Möglichkeit, sich etwas von der Seele zu reden, hilft man ihm, dem emotionalen Druck ein Ventil zu geben. Der Ansturm der Gedanken beruhigt sich, und er kann klarer denken und die Situation klarer sehen.

Auch wenn man gern den anderen zuhört, sollte man jedoch wissen, dass ständiges* Erzählen von denselben Problemen selten weiter hilft, da der Leidende sich dabei im Kreis dreht und die Situation sich eher befestigt, als dass sie sich klärt**.

---

* Laut neuester Forschung an der Universität Jena, können „allein schon Worte unser Schmerzgedächtnis aktivieren" (Prof. Thomas Weiß), was beim ständigen Beschreiben von Schmerzen bei Ärzten wie Freunden, zu Verstärkung der empfundenen Schmerzen führen kann.

* * Für die, die dafür offen sind, wären Bachblüten, bei größeren Problemen eine Familienaufstellug, vielleicht ein guter Anfang, um aus dem Kreis herauszubrechen, und mit dem Problem fertig zu werden.

Trost schenken

„Kein besseres Mittel gibt es im Leid als eines edlen Freundes Zuspruch." *(Euripides)*

Tröstende Worte können sehr viel bewirken. Nicht umsonst vergleicht man sie mit den Sonnenstrahlen an einem trüben Tag. Sie geben einem Halt und Kraft: Schon eine simple Beteuerung: „Es kommen schon bessere Zeiten", lässt die Hoffnung aufkeimen und die momentane Situation als eine vorübergehende Phase im Leben zu sehen, die eines Tages vorbei ist.

Allerdings erträgt manch Kummer und Herzweh keine Worte. Was bleibt ist eine Umarmung, ein Händedruck oder einfach: da zu sein. Manch Seelenschmerz verlangt jedoch nach Stille* und Zurückgezogenheit, um zu sich zu kommen, sich wieder finden zu können; was den Tröstenden oft eine Überwindung kostet, da wir gewohnt sind „Dinge zu bewirken und nicht sie geschehen zu lassen" (Connor 2004, S. 302).

Hoffnung schenken

„Hoffnung ist wie Zucker im Tee, auch wenn sie klein ist, versüßt sie alles." *(aus China)*
„Wer hofft, hat schon gesiegt." *(Jean Paul)*

Hoffnung ist eine große Kraft, die stark unsere Einstellung dem Leben gegenüber beeinflusst. Sie bedeutet Optimismus, Vertrauen und Zuversicht,

---

* Ein Zitat von Hermann Hesse lässt vielleicht solche Vorgehensweise besser zu verstehen: „in dir innen ist eine Stille und Zuflucht, in welcher du zu jeder Stunde eingehen und bei dir daheim sein kannst " (Hesse 1985, S. 68).

und verleiht uns Energie, von der das ganze Leben getragen wird.

Zuversicht lebt von Bildern und Vorstellungen, die wir von uns und der Welt haben. Wer sich vor einem Examen als Versager sieht, der wird all sein Wissen nicht abrufen können, sollte er auch tüchtig gelernt haben. Eine schlechte Note verfestigt sein schädliches Bild von sich, was seine Zuversicht weiter schwinden lässt.

Vor allem Kinder und Jugendliche geraten schnell in den Sog der schädlichen Bilder und Vorstellungen. Auch die „coolsten" sehen sich unfähig, mehr von sich zu geben, als die Umgebung (Elternhaus, Schule) von ihnen „erwartet". Oft reicht es schon, dass sich die Eltern Gedanken machen – ihre Sorgen rauben den Kindern Zuversicht und Energie. Werden die Kinder dagegen in ihrer Zuversicht gestärkt, sind sie selbstbewusst (was keineswegs frech und respektlos bedeutet) und voll Lebensmut: Sie haben genug Energie, um ihren eigenen Weg zu gehen und leben gerne ihr Leben.

Nicht nur Kinder und Jugendliche bedürfen der Hoffnung, um im Leben zu bestehen. Hoffnung ist für jeden unverzichtbar. Besonders bei Krankheiten ist es von großer Wichtigkeit, die Hoffnung auf Genesung nicht zu verlieren, denn die Kraft der Hoffnung hilft dem Körper seine Selbstheilungskräfte zu mobilisieren und somit schneller zu genesen.

Hoffnung zu schenken, ist somit nicht nur eine Frage der Liebenswürdigkeit und Herzensgüte. Es ist auch ein Teil unser Verantwortung, die wir gegenüber unseren Nächsten tragen, Denn ihnen Hoffnung zu schenken, bedeutet ihnen Mut zu machen, sie zu stärken.

Freude schenken

„So lange wir lachen, befinden wir uns in der Gesellschaft der Götter." *(Mahatma Gandhi)*

Jemanden heiter zu stimmen, ihn zum Lachen oder wenigstens zum Lächeln zu bringen, wirkt sich nicht nur auf seine momentane Stimmungslage aus. Ein herzliches Lachen wirkt ausgleichend auf die Seele, denn es baut Spannungen und Blockaden ab, fördert den Schlaf und lässt sogar schneller genesen. Nicht umsonst heißt es: Lachen ist die beste Medizin.

Freude überschüttet den Körper mit Energie und bewirkt, dass der Körper und die Seele sich entspannen: Der Mensch fühlt sich leichter und zufriedener und die eventuellen Probleme erscheinen auf einmal leichter zu bewältigen. So kann man auch sagen, dass Freude zu schenken, dasselbe ist, wie Energie zu schenken.

Geduld schenken

„Ungeduld ist die Frucht unseres Drangs nach Kontrolle."
(James A. Connor)
„Das Gras wächst nicht schneller, wenn man daran zieht."
(afrikanisches Sprichwort)

In einer Welt, in der alles immer schneller und effizienter erledigt sein will, entwickelt sich Geduld zu einem teuren Gut. Wir fühlen uns bemüßigt, den Alltag stramm zu organisieren, um es in den (gefühlten) kurzen Stunden des Tages zu schaffen, alles zu Wege zu bringen. Dabei sollte man wenigstens von Zeit zu Zeit daran denken, dass alles seine Zeit braucht.

Der Gedanke* findet sich in allen geistigen Traditionen und hat bis heute von seiner Gültigkeit nichts verloren. Wir alle sind aber gewohnt, die „Dinge zu bewirken" (Connor 2004, S. 302) und haben Probleme, abzuwarten und sie geschehen zu lassen. Sogar in unser Freizeit können wir schlecht dem Drang widerstehen, alles nach unserem Gusto voranzutreiben, vielleicht weil wir unbedingt die Kontrolle behalten wollen.

Üben wir uns in Geduld, schenken wir den anderen die Zeit, die sie brauchen, und dass nicht nur um die Dinge zu erledigen, sondern auch im größeren Rahmen, um sich in ihrem eigenen angeborenen Tempo entwickeln zu können. Wir stupsen sie dann nicht immer voran, sodass sie schneller und effizienter in ihrem Tun (und Sein) werden.

Schenken wir den anderen Geduld und vertrauen darauf, dass alles – in dem für sie richtigen Moment – kommt. Schenken wir nicht nur den anderen, sondern auch uns mehr Ruhe und Gelassenheit.

Nähe und Geborgenheit schenken

„Berührungen sind Zauberwesen, die unseren seelischen Garten bestellen." (Peter Horton)

Dass kleine Kinder viel Nähe und Wärme brauchen, ist allen bewusst. Denn die Nestwärme, gibt ihnen Sicherheit und Geborgenheit, die sie gedeihen lässt. Aber auch große Kinder und Erwachsene genießen es,

---

* Der Gedanke findet sich genauso in der Bibel: „Alles jegliche braucht seine Zeit" (Pred 3,1) wie in der östlichen Philosophie: „Alle Dinge haben Zeiten des Vorangehens und Zeiten des Folgens" bei Laotse. „Das Starke mindern, das Schwache mehren hat seine Zeit" bei Konfuzius. Auch Buddha empfahl bei allem, was man tut auf „die rechte Zeit" zu achten.

in die Arm genommen zu werden. Eine liebevolle Nähe ist eine Wohltat, die Vertrautheit, Ruhe und Frieden erzeugt. Sie gibt Zuversicht, spendet Trost und hilft sogar zu genesen. Die Forschung spricht von Hormonen wie Oxytocin, Endorphine und Serotonin, die der Körper dabei vermehrt ausschüttet. Der Mensch genießt einfach die Zärtlichkeit der Berührung und das Gefühl der Geborgenheit. Der friedliche Zustand nährt seine Seele und lässt ihn zu sich finden. Das macht ihn zufrieden, stärkt seine Energie und sogar sein Immunsystem.

Stille schenken

„Erst, wenn die Stille dich umstellt, entdeckst du deine innere Welt."(Erich Limpach)

In unserem hektischen, von Dauerberieselung gepeinigtem Alltag, ist es nicht einfach, einen stillen Augenblick zu finden. Schenken wir uns jedoch einen Augenblick der Stille, beruhigt sich der „schwatzende Affe", wie die Buddhisten den Geist nennen, und wir können uns in die Stille und in uns versenken – uns selbst begegnen.

Bleiben wir lange genug in der Stille sitzen, finden wir zu inneren Stille, die uns Ruhe und Frieden schenkt: Wir bleiben mit unseren Gedanken und Gefühlen ganz bei uns. Das hilft uns, dem Leben mit all seinen Herausforderungen besonnen zu begegnen und dabei freundlich aber selbstbestimmt zu reagieren.

Auch anderen können wir Stille schenken, indem wir z. B. nicht mit lauter Musik zu dem ständigen Lärm beitragen oder bei einem Spaziergang mit Freuden auch mal schweigen können.

Wir werden alle beschenkt

„In ungezählten Mühen wächst das Schöne." (Euripides)

Wir alle werden ständig beschenkt. Nur leider nehmen wir die kleinen wie großen Gaben nicht immer als solche wahr. Wir verbleiben lieber bei Ansprüchen und Rechten, welche wir zu haben glauben. Schon Kinder fangen damit an, indem sie die elterlichen Bemühungen lediglich als „Konsequenzen" betrachten, die sie als Erzeuger zu tragen haben, da sie sich für Kinder „entschieden" haben. Viele Erwachsene sind nicht besser dran: Von anderen umsorgt und versorgt zu werden, betrachten sie ausschließlich als Erfüllung derer Pflichten und reduzieren sie damit auf eine Rolle, deren Szenario von ihren Erwartungen bestimmt wird.

Erst wenn wir unsere Sichtweise ändern und alles, was wir bekommen, nicht als selbstverständlich sehen, es würdigen und wertschätzen lernen, erst dann fangen wir an zu erkennen, wie großzügig uns das Leben beschenkt und das von Geburt an. Unter den Schenkenden sind meistens die Eltern die Großzügigsten und die Beständigsten. Neben dem Leben schenken sie uns Zeit, Geduld und unbegrenzte Liebe: Sind wir klein, wachen sie Tag und Nacht über uns, und wir finden immer Zuflucht bei ihnen, auch wenn uns nachts die Monster verfolgen. Verfolgen wir später unsere Ziele, ist uns ihre Unterstützung sicher.

Wären wir in der Lage, all die Liebe, Zuneigung und Sympathie, die wir von unseren Eltern, Großeltern, Geschwistern sowie all den Verwandten, Freunden und Bekannten bekommen, in ihrer Gesamtheit wahrzunehmen, wäre uns bewusst, wie überaus großzügig wir beschenkt werden. Es sind große wie kleine Gaben dabei, alle aber haben Einfluss auf unser Leben: Das „Bemuttern und Betütern" genauso wie ein aufmunterndes Wort und herzliche Umarmung.

Dabei sollen wir nicht übersehen, dass wir nicht nur von unseren Mitmenschen, sondern auch von der Natur reichlich beschenkt werden, weil sie uns alles, was sie ausmacht, zur Verfügung stellt: Sie beschenkt uns nicht nur mit frischer Luft, klarem Wasser und mit der Tier- und Pflanzenwelt mit ihren süßen Früchten, frischem Gemüse und reifem Korn, sondern auch mit klarem Sternenhimmel und wunderschönen Landschafen. Leider vergessen wir es allzu oft, dass wir keinen selbstverständlichen Anspruch auf die Gaben der Natur haben und wissen die Fülle ihrer Geschenke nicht immer zu schätzen. Fangen wir jedoch an, die Erde als ein großes Geschenk zu sehen, verändert sich unsere Sicht und unsere Einstellung ihr gegenüber.

Sich und die Welt beschenken

Sich selbst beschenken

„Hast du dich selbst lieb, so hast du alle Menschen lieb wie dich selbst." (Meister Eckhart)
„In der Liebe zu uns selbst liegt das Geheimnis eines erfüllten Lebens."(Gudrun Kropp)

Beim Schenken denken wir gewöhnlich an andere. Was vor allem damit zu tun hat, dass wir grundsätzlich auf andere ausgerichtet sind. – Liebe deinen Nächsten heißt es doch. Dass in dem Satz: „Liebe deinen Nächsten *wie dich selbst*" (Mk 12,31) steht, entgeht den meisten.

Dabei sind sich nicht nur viele Psychologen sicher, dass wir erst dann imstande sind, andere zu lieben und zu achten, wenn wir uns selbst zu lieben und zu respektieren lernen: Da es unmöglich ist, „die Komplexität anderer zu schätzen, wenn wir nicht in der Lage sind, uns selbst zu lieben" (Moore 2001, S. 40).

Allerdings ist es für viele nicht einfach, sich selbst zu lieben, denn die meisten Menschen stehen sehr kritisch sich selbst gegenüber, messen sich andauernd an den Vorstellungen anderer Leute und versuchen, deren Erwartungen zu genügen. Zudem wird die Selbstliebe immer noch für schändlich und lasterhaft gehalten, und deswegen „unter Schuld und Tabus verschüttet" (Froemer 1996, S. 9). Landläufig wird die Selbstliebe bis heute für Selbstsucht gehalten. Für Freud war sie   sogar gleichbedeutend mit Narzissmus.

Nach Erich Fromm hängen gerade Liebe und Selbstliebe „eng miteinander zusammen", während Selbstliebe und Selbstsucht Gegensätze sind, weil der Selbstsucht *die Liebe fehlt* (vgl. Fromm 1995, S. 96ff).

Sich selbst zu lieben, bedeutet vor allem – sich selbst zu entdecken, sein eigenes Bild von sich im Kopf zu haben und seinen eigenen Wertmaßstäben zu vertrauen. Es bedeutet, eins mit sich selbst zu sein und aus innerer Stärke heraus zu handeln.

Deswegen auch sollen wir, in dem Maße wie wir an andere denken und sie beschenken, auch an uns denken und uns mit schönen Dingen erfreuen; genauso wie uns auch Stille, Zeit, Vertrauen und Verständnis schenken und dabei anfangen unser bester Freund zu sein.

Die Welt beschenken

„Sei selbst die Veränderung, die du in der Welt sehen willst. "
(Mahatma Gandhi)

Die Welt lebt vom Schenken. Nicht nur die Natur verschenkt sich jedes Jahr aufs Neue, freigebig und schenkfreudig. Auch der Mensch beschenkt großzügig die Welt. Es sind seine Entdeckungen, Erfindungen, Eingebungen und Erkenntnisse, genauso wie seine Träume, Visionen und Gedanken, mit denen er die Welt immerfort bereichert. Es ist die Gebefreudigkeit „zum Nutzen und Wohle aller Wesen" und die bedeutet „nicht nur materielle Güter, sondern auch weltliches, religiöses oder geistiges Wissen" (Fromm 1971, S. 95), das den Menschen den Zugang zu der komplexen Welt ermöglicht.

Für das größte Geschenk für die Welt halten jedoch alle den Frieden. Aus diesem Grund engagieren sich viele Menschen in verschiedensten Friedensprojekten, um zu einem besseren Verständnis und Miteinander der verschiedenen Nationen und Kulturen beizutragen. Viele nehmen Teil an den weltweit koordinierten Gebeten und Meditationen für den Frieden, um einen globalen Bewusstseinswandel in Gang zu setzen. – Da sie nicht nur an die Macht der Handlungen, sondern auch an die Macht der Gedanken* glauben.

---

* „Mens agitat molem" – Der Geist bewegt die Materie (Vergil). Schon die Altgriechen haben vermutet, dass der Geist die Materie bestimmt. Die indischen Yogi-Meister sind davon überzeugt, dass Gedanken voll von lebendiger, dynamischer Kraft sind und demnach die „größte Kraft auf Erden" (Swami Sivananda). Nach Ansicht des Buddhismus haben unsere Gedanken sogar die Kraft die Welt zu erschaffen.

Im Abendland gibt es viele interessante Konzepte, welche sich mit der Kraft und Wirkung der Gedanken befassen: das kollektive Unbewusste (C. G. Jung, Fritjof Capra), Synchronizität (C. G. Jung), morphische Resonanz (Rupert Sheldrake), Konstruktivismus (Paul Watzlawick, Heinz von Foerster, Jean Piaget, Humberto Maturana, Fransisco Varela). Mittlerweile beschäftigen sich mit der Wirkung der Gedanken auch die Quantenphysik (EPR-Effekt) und die Hirnforschung (Biofeedback).

Nicht nur die Buddhisten finden, dass der Frieden* eigentlich in uns selbst beginnt und dass man allein schon mit dem Erlangen des inneren Friedens zu dem Weltfrieden beitragen kann. Für alle, die so denken, ist das „die wirkungsvollste Methode zur Verbreitung des Friedens in der Welt" (Yeshe 2000, S. 34). Denn teilt man ihn mit anderen, kann sich der Frieden immer mehr ausbreiten.

Initiativen für den Frieden:
Weltweit gibt es viele Friedensinitiativen. Zu den bekanntesten gehört die indianische Initiative, die an „alle Stämme der Erde" appelliert, sich jeden Tag um 10.00 Uhr Greenwichzeit (11.00 Uhr Deutschland) der globalen Meditation für die Heilung der Erde und den Weltfrieden einzuschließen. Auch die Aufforderung zu einer täglichen Friedensmeditation um 12.12 Uhr Ortszeit von dem Netzwerk GaiaNET ist sehr bekannt. Jeder kann täglich auch die Affirmation „Friede sei auf Erde" in die Welt schicken. In Asien wird dafür „Om Namo Narayana", das Mantra für den Weltfrieden, rezitiert.

Bibliografie

Audretsch, Jürgen: Neue Ganzheit – Die Quantenwelt ist anders, in: www.audretsch.uni-konstanz.de/activities/dowland/neue_ganzheit.pdf

Bachmann, Yvonne / Dettwiler, Christa: Heilen aus der Tiefe. Sieben Stufen zur selbstverantwortlichen Lebensgestaltung. Zürich, Düsseldorf 1997

Blahut, Cordula Hrsg.: Fernöstliche Weisheiten für jeden Tag des Jahres, Wien 2003

Capra, Fritjof: Wendezeit. Bausteine für ein neues Weltbild, Bern, München, Wien 1985

Capra, Fritjof: Lebensnetz. Ein neues Verständnis der lebendigen Welt, München 1999

Connor, James A.: Das Feuer der Stille. So bringen sie Freude und Kraft in Ihr Leben, München 2004

Chown, Markus: Warum Gott doch würfelt. Über „schizophrene Atome" und andere Merkwürdigkeiten aus der Quantenwelt, München 2006

Dietrich, Klaus: Intelligenz lässt sich lernen. Was Eltern über die geistige Entwicklung ihrer Kinder wissen müssen, Stuttgart 1972

Dürr, Hans-Peter: Physik und Transzendenz, München 1990

Eickhoff, Jörg: Das gepfefferte Ferkel, in: Online-Journal für systemisches Denken und Handeln, Juli 2002

Ellyard, Lawrence R.: Buddha für das tägliche Leben. Das Dhammapada in zeitgemäßer Übersetzung, Freiburg im Breisgau 2009

Elworthy, Scilla: Mit sanfter Macht: vom inneren Frieden zum Weltfrieden, München 1999

Emoto, Masaru: Die Botschaft des Wassers, Burgrain 2002

Froemer, Fried: Pendeln. Der Weg des intuitiven Heilens, Bindlach 1996

Fromm, Erich: Die Kunst des Liebens, Stuttgart 1980

Fromm, Erich / Suzuki, Daisetz Teitaro / de Martino, Richard: Zen-Buddhismus und Psychoanalyse, Frankfurt am Main 1971

Gibran, Khalil: Der Prophet, München 2003

Glüsing, Jens: Die Rückkehr der Pumakralle, in: Der Spiegel 30/2008

Govinda, Lama Anagarika: Der Anfang ist das Ziel. Weisheit für unsere Zeit, Freiburg im Breisgau 2000

Grimsdale, Anette: Das Präsent. Die Kunst der liebevollen Kleinigkeiten, Hamburg 1987

Hein, Hubert: Auf den Punkt gebracht. Lebensweisheiten für Alltagssituationen, 2012

Hellinger, Bert / ten Hävel, Gabriele: Anerkennen, was ist, München 1998

Hesse, Hermann: Eine Stunde hinter Mitternacht in: Gesammelte Werke, Frankfurt am Main 1975

Hesse, Hermann: Siddartha, Berlin 1985

Jaffé, Aniela: C. G. Jung Bild und Wort. Eine Biographie, Olten 1983

Kaltenbrunner, Gerd-Klaus Hrsg.: Vom Sinn des Schenkens. Erinnerungen an eine alte Kunst, München 1984

Kleve, Heiko: Paradigmawechsel und „ganzheitliches" Denken, in: Das gepfefferte Ferkel. Online Journal für systemisches Denken und Handeln, April 2003

Klink, Joanne: Früher, als ich groß war. Reinkarnationserinnerungen von Kindern, Grafing 1995

Knigge, Adolf Freiherr von: Über den Umgang mit Menschen, Stuttgart 1991 (erste Auflage 1788)

Kopp, Sheldon B.: Triffst Du Buddha unterwegs. Psychotherapie und Selbsterfahrung, Frankfurt am Main 1990

Kumar, Manjit: Quanten. Einstein, Bohr und die große Debatte über das Wesen der Wirklichkeit, Berlin 2009

Linck, Gudula: Yin und Yang. Die Suche nach Ganzheit im chinesischen Denken, München 2000

Lokowandt, Ernst: Shintō. Eine Einführung, München 2001

Magin, Ulrich: Trolle, Yetis, Tatzelwürmer. Rätselhafte Erscheinungen im Mitteleuropa, München 1993

Malinowski, Bronisław: Sitte und Verbrechen bei den Naturvölkern, München 1949

Manschatz, Marie: Buddhas Anleitung zum Glücklichsein. Fünf Weisheiten, die Ihren Alltag verändern, München 2007

Meves, Christa: Zur Psychopathologie des Schenkens, in: Kaltenbruner/ Gerd-Klaus Hrsg: Vom Sinn des Schenkens. Erinnerungen an eine alte Kunst, München 1984

Meves, Christa: Manipulierte Maßlosigkeit. Psychische Gefahren im technisierten Leben, Freiburg im Breisgau 1974

Moore, Thomas: Fenster zur Seele. Wer wir sind, was wir sein können, München 2000

Nietzsche, Friedrich: Menschliches, Allzumenschliches. Ein Buch für freie Geister, Berlin 2016 (Original 1878)

Natzmer, Gert V.: Weisheit der Welt. Eine Geschichte der Philosophie, München 1979

Norman, Jill: Das große Buch der Gewürze, Augsburg 2010

Raabe, Wilhem: Der Hunger Pastor, ohne Ortsangabe 1863

Roberts, Jane: Die Natur der Psyche. Ihr menschlicher Ausdruck in Kreativität, Liebe und Sexualität, Genf 1995

Saint-Exupéry, Antoine de: Die Stadt in der Wüste (Citadelle), Bad Salzig/Düsseldorf 1951

Schäfer, Thomas: Was die Seele krank macht und was sie heilt. Wenn der Körper Signale gibt. Die psychotherapeutische Arbeit Bert Hellingers, Augsburg 2005

Sheldrake, Rupert: Das schöpferische Universum. Die Theorie des morphogenetischen Feldes, München 1993

Schmied, Gerhard: Schenken. Über eine Form sozialen Handels, Opladen 1996

Schwarz, Ernst: So sprach der Meister. Altchinesische Lebensweisheiten, Augsburg 1998

Schwarz, Aljoscha A. / Schweppe, Ronald P.: Tao. Mehr Energie, Sinnlichkeit und Lebensfreude, München 2001

Selby, John: Die Kunst allein zu sein, München 2005

Stolz, Alfred: Schamanen. Ekstase und Jenseits-symbolik, Köln 1988

Villoldo, Alberto: Das geheime Wissen de Schamanen. Wie wir uns selbst und andere mit Energiemedizin heilen können, München 2001

Watts, Alan: Der Lauf des Wassers. Eine Einführung in den Taoismus, München 1976

Watts, Alan: Im Einklang mit der Natur, München 1981

Watzlawick, Paul: Wie wirklich ist die Wirklichkeit? Wahn, Täuschung, Verstehen, München 1976

Weischedel, Wilhelm: Die philosophische Hintertreppe. Die großen Philosophen in Alltag und Denken, München 2006

Weiß, Walter: Östliches und westliches Denken, Wien 1990

Wüst, Hans Werber: Zitate und Sprichwörter, München 2010 in: www.books.google.de

Yeshe, Lama Thubsen: Gedanken eines tibetischen Lama über Weihnachten, Berlin 2000

Zirfas, Jörg: Vom Zauber der Rituale. Der Alltag und seine Regeln, Leipzig 2004

Danksagung

Ich bedanke mich herzlich bei meiner Freundin Barbara für das Korrekturlesen, bei meiner Tochter Ismena für das schöne Bild für den Umschlag und bei Martin für dessen Bearbeitung.

Inka Faltynowicz

Zeitfracht Medien GmbH
Ferdinand-Jühlke-Straße 7
99095 Erfurt, Deutschland
produktsicherheit@kolibri360.de